Mystères
du
Vieux Carré

Philippe d'Artois

Mystères
du
Vieux Carré

Lorsque croyances et légendes trouvent leurs sources dans
le réel.

Éditions Gem de France

Éditions Gem de France et Philippe d'Artois

Dépôt légal mars 2017

729, rue Royal

70116 New Orleans

ISBN : 978-0-692-84886-9

Remerciements, sources photographiques et documentaires

Parce que rien n'aurait pu se faire sans leur aimable concours et leur soutien, je tenais à remercier :

Le personnel dévoué de la Historic New Orleans Collection et du Williams Research Center,

Les membres du musée d'état du Cabildo et du Presbytère,

Nora Wetzel et Sally Reeves de la Louisiana Historic Society,

Dr. Robert Dupont, directeur du département d'Histoire de l'université de la Nouvelle-Orléans.

Note de l'auteur

Tous les personnages historiques de ce livre ont existé. Les événements relatés appartiennent à l'Histoire. Le reste constitue une adaptation aussi fidèle que possible aux circonstances dans lesquelles chacun des acteurs ont vécu, réagi et gravé à jamais leur passage dans l'histoire et le développement du Vieux Carré. Ces figures emblématiques ont insufflé une identité haute en couleur et contribué à dépeindre la complexité fascinante de ce quartier qui, aujourd'hui encore, s'inspire des événements heureux ou dramatiques dont il se nourrit.

À la mémoire de Lili…

La ville croissant

« La vie, c'est comme une boîte de chocolats : on ne sait jamais sur quoi on va tomber ».

J'avalai de travers la gorgée d'eau et manquai de m'étouffer. Je toussai en essuyant d'un revers de la main le liquide que ma bouche avait projeté tout autour de moi. Je tentai alors de contenir le rire intérieur qui s'était interposé avec ma tentative d'ingurgiter ce qui restait au fond de la petite bouteille de plastique transparent. Ayant retrouvé une relative contenance, et le menton un peu plus sec, je me tournai vers mon voisin philosophe avec un œil que j'aurai souhaité moins réprobateur.

- Vous n'avez peut-être pas oublié cette citation tirée du fameux film de Robert Zemeckis, *Forrest Gump*, avec Tom Hanks dans le rôle principal ? me demanda-t-il en évaluant des yeux le nombre de petites pastilles humides absorbées par le coton de ma chemise.

J'hochai la tête tout en passant une main sur le tissu éclaboussé. André enchaîna après avoir tendu ma bouteille d'eau vide à une hôtesse qui passait avec un sac poubelle :

- Eh bien, la Nouvelle-Orléans, c'est exactement la même chose. La première fois que vous y mettez les pieds. Vous ne pouvez pas savoir sur quoi vous allez tomber. Tout y est possible. Le meilleur comme le pire. Vous arrivez complètement déboussolé par un voyage qui vous semble une éternité. Mais à peine arrivé dans votre chambre, vos bagages hissés sur le lit au matelas incroyablement épais et confortable, un regain d'énergie remonte à la surface dès les premières lueurs de l'aube et parfois bien avant que le soleil pointe ses premiers rayons sur l'horizon. Vous voilà déjà à l'assaut de cette ville mythique racontée, décrite, peinte et chantée depuis sa fondation. Ou alors, à l'inverse, vous sentez immédiatement le poids d'un passé plutôt riche en rebondissements et en drames les plus divers ou les plus inattendus. Puis vous vous laissez embarquer par un flot puissant qui assaille tous vos sens, vous draine et vous épuise sans que vous puissiez rien y faire. De toute façon, vous ne pourrez pas y échapper, vous ne pourrez pas y rester insensible, d'un sens comme de l'autre. Mais cette ville ne se décode pas au détour d'une vidéo ou au coin d'une page d'un guide de voyage aussi détaillé qu'il soit. Elle se vit. Alors bonne chance à vous dans sa découverte. Vous risquez de vivre une expérience inoubliable. De toute façon, aussi courte soit-elle, cette visite restera marquée dans votre mémoire d'une manière que vous ne pouvez pas encore imaginer...

Il y eut un grésillement dans le haut-parleur logé au-dessus de nos têtes.

« Désarmement des toboggans, vérification de la porte opposée », annonça en anglais l'hôtesse de la compagnie Delta dans son microphone à l'avant de la cabine. Je lançais un regard complice à ma tante assise à ma droite contre le hublot. Ses sourcils se haussèrent une fois encore et elle laissa échapper un léger soupir de soulagement. Le périple depuis la France était sur le point de s'achever et nous allions nous séparer de notre voisin de siège qui se 'levait à ma gauche. C'était un québécois d'une soixantaine d'années qui retournait pour la énième fois à la Nouvelle-Orléans pour retrouver des amis installés là depuis vingt ans. Nous en avions « hérité » à l'embarquement pour le vol intérieur à Atlanta. Il s'était montré très enthousiaste à l'idée de nous faire l'exposé approfondi de ses expériences passées, présentes et futures. Nous disposions maintenant d'une liste de restaurants et de bars incontournables qui devrait nous conduire droit à l'obésité et à la cirrhose si nous avions à les visiter tous au cours des quelques jours qu'allait durer notre visite.

La porte de l'avion s'ouvrit enfin après que la passerelle eut été ajustée contre la carlingue. La classe affaire se ruait déjà dans le couloir qui conduisait au terminal. Notre voisin, André, finissait de récupérer ses affaires tout en jetant un coup d'œil sur son téléphone portable. Les passagers agglutinés devant nous dans l'allée étroite commençaient à avancer. Notre tour arrivait enfin. André se tourna vers moi avec son sourire engageant : « Et pour revenir à *Forrest Gump*, vous pourrez toujours vous replonger dans l'ambiance du film et manger des fruits de mer en allant à Bubba Gump. C'est très sympa, même si le service est plutôt décousu avec ces jeunes serveurs qui y travaillent pour payer leurs études. Et pour le coup, les prix ne sont pas dispendieux », ajouta le québécois avant de nous ouvrir le chemin vers la sortie de l'appareil. « C'est une chaîne de restaurants implantée dans tout le pays, mais vous le trouverez ici, dans le Vieux Carré, sur la rue Decatur, non loin de l'embarcadère du Natchez ».

Nous lui emboîtions le pas et il continuait de nous abreuver de ces commentaires et connaissances des lieux tout en marchant vers l'avant. Un retardataire se contorsionna dans la rangée dont il venait de s'extirper pour le laisser passer. Il est vrai que son embonpoint ne permettait pas à quiconque de tenter de rester dans le couloir sans avoir à s'aplatir contre le siège. La meilleure parade était donc de s'éclipser dans la série de trois sièges plutôt que de bloquer le flot des passagers pressés de sortir. L'hôtesse nous gratifia d'un « enjoy your stay » (profitez de votre séjour) agrémenté d'un sourire pendant que nous passions devant elle.

Nous traversions la passerelle reliant l'appareil au terminal de l'aéroport quand André se retourna vers nous, ralentit pour se mettre à notre hauteur et reprit son exposé qu'il avait commencé deux heures plus tôt. Ma tante me signifia son intention de passer aux toilettes avant d'aller récupérer notre bagage en soute. Manœuvre d'évasion ou nécessité ? Je ne le sus jamais. Il faisait déjà nuit et toutes les concessions étaient déjà fermées.

- Nous retrouverons notre bagage sur le carrousel numéro trois, reprit André en s'arrêtant pour attendre, de toute évidence, le retour de ma tante. C'est au niveau inférieur. L'escalier roulant sera juste devant nous en sortant du terminal. Ce n'est pas la peine de se presser. Il leur faut entre 15 et 25 minutes pour commencer à charger le convoyeur de bagages. Inutile de faire le pied-de-grue. Mais il est vrai que c'est intéressant de récupérer son bagage à la seconde où il arrive pour aller chercher un taxi au plus vite et éviter de se retrouver en bout de ligne… Vous descendez à quel hôtel ?
- La Quinta, lui répondis-je laconiquement.
- Ouais, il est pas mal et plutôt bien situé. En dehors du Vieux Carré, à deux rues de la rue Canal, l'axe principal de la ville qui sépare l'ancien fief des créoles francophones du secteur américain. Il est tout en hauteur. Quelque chose comme quatorze ou quinze étages. Ils y servent un petit déjeuner assez complet avec des gaufres que vous vous faites cuire dans les appareils à disposition. Il y a des fruits frais, des yaourts, des céréales, différents types de pain, des œufs durs, du jus de fruits, du café, du thé et du chocolat chaud.
- Ça me semble plutôt bien.
- Absolument, mais la salle est petite pour la capacité de l'hôtel. Soyez-y à l'heure d'ouverture ou vous aurez à remonter votre

petit déjeuner dans la chambre, ou bien à patienter pour qu'une table se libère.

- Nous avons une visite guidée demain matin qui commence tôt. Nous avons rendez-vous à 8h30 devant la cathédrale Saint Louis pour y joindre un groupe et suivre un guide.

- La météo annonce du soleil et une trentaine de degrés dans la journée. En matinée, vous ne souffrirez pas du cagnard si vous pouvez dénicher quelques zones ombragées pendant votre parcours pédestre. Que voulez-vous, le mois de mai tire à sa fin. Mais si le guide fait son boulot, vous n'y penserez pas… ou juste un jeu, ajouta le Québécois en décochant un large sourire.

Ma tante refit son apparition. Elle s'était donnée un coup de peigne et avait opéré quelques retouches dans sa tenue vestimentaire. André insista pour nous prendre en photo devant l'énorme statue de Louis Armstrong en veste blanche soufflant dans sa trompette. La séance dura dix minutes, le temps que la file devant nous se résorbe, que notre compagnon de route trouve l'angle adéquat et que nous lui présentions le profil approprié à notre rencontre avec l'une des plus grandes légendes de la région. Au niveau inférieur, les bagages étaient déjà sur le carrousel quand nous trouvâmes un barrage humain attendant avec sérénité que soient livrés sacs et valises en tout genre. Une ouverture nous permit d'approcher et d'arracher les deux bagages qui complétaient notre trousseau de voyage. Tout semblait en ordre. Je levais les yeux vers les panneaux indicateurs à la recherche du symbole des transports terrestres. Je croisai le regard de notre ami d'un jour. Le québécois nous montrait la direction à prendre pour s'insérer dans la file d'attente de la ligne de taxis.

- Vous n'aurez qu'à indiquer à la fille en uniforme votre destination quand elle s'avancera vers vous. Dites seulement « downtown » pour le centre-ville et « two » pour le nombre de passagers. Elle vous remettra une brochure avec le numéro de votre taxi. La brochure contient une série de plans utiles comme le Vieux Carré et le Garden District notamment. Bien utile la première fois. Vous avez ma carte de visite avec mon numéro de téléphone. N'hésitez pas à me contacter. On pourrait aller boire un verre ensemble un jour prochain. Je vous présenterai mes amis qui m'attendent en face dans la Nissan rouge. Je vous aurai bien offert de vous emmener, mais nous sommes déjà trois à bord. Avec vous deux, l'ensemble de nos bagages, et ma… corpulence… ça risque de coincer ou de déborder !

- C'est trop aimable de votre part André. On va se débrouiller. Je pense que mon anglais n'est pas trop rouillé.

  - Alors, je vous souhaite un excellent séjour dans la ville croissant en attendant de vous revoir bientôt. Bonne chance dans vos recherches !

  - Merci encore pour tout.

  - Pas de quoi ! Appelez-moi d'accord ?

  - Promis André.

  - Parfait ! Et comme ils disent chez les cousins Cajuns, « lâch' pas la patate ! ». Une autre petite énigme qu'il vous faudra résoudre avant notre prochaine rencontre…

  - Bonne soirée et à bientôt !

  - Pour sûr les amis, finit enfin André en rejoignant le véhicule dans lequel il s'engouffra après avoir chargé son énorme bagage dans le coffre exigu de la Nissan qui s'éloigna avant de disparaître dans le virage.

Quelques minutes plus tard, nous étions à bord d'un taxi noir et blanc qui nous emmenait à l'hôtel. Il était près de 22 heures et la circulation restait dense, signe que la vie nocturne en ville était intense et paraissait confirmer les propos de notre compagnon de voyage. À l'approche du centre-ville, se profilaient les tours du quartier des affaires ainsi qu'une énorme structure illuminée au dôme blanc sur lequel était écrit « Mercedes-Benz Superdome ».

  - C'est vot' pwemiè' fois ici ?

- Vous parlez français ? s'étonna ma tante en baissant les yeux sur le permis délivré par les services municipaux affiché sur le dossier du chauffeur.
- J'suis haïtien.
- Je le vois maintenant à votre nom : Laurent Matthieu. Mais, pour répondre à votre question, c'est bien la première fois en Louisiane.
- Pou' les vacances ? demanda-t-il avec son accent typique.
- Loisirs et affaires serait la définition exacte. Je dois rencontrer un notaire pour des droits de succession concernant un cousin éloigné qui m'aurait légué quelque chose avant son décès qui remonte à huit mois maintenant. Étant donné mon âge, j'ai insisté pour que mon neveu m'accompagne dans cette expédition. Et son anglais est bien meilleur que le mien. Ma connaissance de cette langue se limite à quatre mots : « yes, no, thank you, please ». Pas vraiment de quoi mener une conversation.
- Je vois. Mais faut pas vous inquiéter. Vous êtes dans la « Big easy » apwès tout !

Le véhicule s'engagea dans la bretelle de sortie qui descendait vers l'énorme bâtiment circulaire. J'en profitai pour poser quelques questions auxquelles l'haïtien répondit avec enthousiasme. Il était heureux de pouvoir s'exprimer dans sa langue natale. Et en dépit du fait qu'il existait une petite communauté originaire de son pays, il n'avait pas souvent l'occasion de l'employer.

Le Superdome est le fleuron de la ville et le symbole de sa renaissance après le désastre de 2005. Ses plans avaient été dessinés dès 1967. Il fut achevé d'être construit en 1975 pour 165 millions de dollars, une véritable fortune à l'époque. Il couvre une surface de 25 mille mètres carrés, culmine à 83 mètres pour un diamètre de 210 mètres, faisant de cette masse le plus grand stade hermétiquement couvert dans le monde. 87500 fans assistèrent au concert des Rolling Stones de 1982. Pendant l'ouragan Katrina en 2005, 30 mille personnes vinrent y trouver refuge pour y vivre cinq jours d'effroi dans des conditions dramatiques. 193 millions de dollars furent nécessaires à sa rénovation. De 2007 à 2011, le constructeur automobile allemand en fit l'acquisition et contribua aux 227 millions de dollars supplémentaires pour la réalisation de nouveaux travaux de restructuration et d'embellissement. Le stade peut assoir près de 77 mille spectateurs pour des concerts, des expositions et des événements sportifs.

Le taxi bifurqua à gauche sur la rue Camp, ralentit et s'arrêta devant l'hôtel La Quinta.

- Vous y êtes !
- Merci beaucoup pour tous ces renseignements bien utiles - Je lui tendais quelques billets rassemblés pendant le trajet - Voilà pour vous. Gardez la monnaie. Avez-vous une carte de visite ? Nous pourrons demander vos services lors de notre départ.

Après avoir récupéré le petit morceau de bristol rectangulaire lustré, Laurent Matthieu s'extirpa de l'habitacle pour aller sortir nos bagages qu'il déposa sur le trottoir devant l'entrée de l'hôtel. Il nous serra chaleureusement la main, nous souhaita un bon séjour et disparu bientôt dans la circulation.

Le reste de la soirée se passa à récupérer notre clef de chambre, un plan du quartier français et à nous reposer d'un voyage commencé près de vingt heures plus tôt. Mais la nuit fut courte. Le décalage horaire nous fit ouvrir les yeux avant même que le jour ne soit levé. Par chance, le petit déjeuner était servi à partir de 6 heures. Après un passage dans la salle de bain, nous pouvions aller faire la découverte de la restauration matinale à l'américaine.

Les couverts étaient en plastique, les assiettes et les gobelets en polystyrène. Le jus d'orange trop sucré, le café si léger qu'on pouvait voir le fond de la tasse. Le pain ne ressemblait en rien à ce qu'on avait l'habitude de prendre le matin. Le « bagel » remplaçait la baguette.

C'était un pain circulaire plutôt consistant avec un énorme trou au centre qu'on pouvait toaster, beurrer et tartiner de confiture ou, le plus souvent ici, de fromage trouvé dans de petites barquettes à disposition, le fameux « cream cheese », une sorte « Vache qui rit » à la pâte plus consistante, un fromage à tartiner.

Après avoir fait quatre ou cinq fois le tour du buffet pour y trouver ce qu'on cherchait pour nous constituer notre repas en évitant de donner un choc trop brutal à notre organisme pour cette toute première, nous trouvâmes une table libre au milieu de la salle agrémentée d'écrans de télévision diffusant les informations locales. La météo s'annonçait agréable pour notre visite prochaine. Après un passage à la chambre pour quelques ablutions et derniers préparatifs, nous étions enfin prêts pour nous lancer dans la découverte de la ville. L'objectif était de nous rendre là où l'on était censé retrouver notre guide francophone. Un peu d'argent en poche, notre plan, une pièce d'identité, au cas où, des chaussures confortables, et de quoi prendre des photos, constituait notre arsenal pour la matinée.

Les yeux rivés sur le plan, nous nous retrouvâmes à l'extérieur, placés dans la bonne direction par le valet de l'hôtel. La rue Camp se terminait sur le boulevard Canal qu'il fallait traverser. Après une série de photos des tramways rouges qui circulaient le long de l'immense artère, nous remontions la rue Chartres pour nous rendre à notre point de rendez-vous. Le concierge de l'hôtel nous avait dit que nous trouverions notre guide sur la place Jackson, devant la cathédrale Saint Louis. Par chance, nous avions eu la présence d'esprit de demander un plan du Vieux Carré et le concierge eut la gentillesse de nous indiquer le chemin le plus facile pour y arriver sans risquer de nous perdre.

Une fois trouvée l'intersection avec la rue Canal, la rue Chartres nous menait directement au lieu marqué d'une croix sur le plan communiqué par l'hôtel. Nous aurions presque pu nous en passer car l'imposante structure blanche de l'église se voyait depuis l'entrée de la rue.

Visiter le Vieux Carré s'avère une entreprise périlleuse pour le touriste à pied. Si vous tentez de combiner l'attirail naturel du visiteur novice dans un lieu inconnu, vous risquez l'accident. Lire un plan, consulter les pages d'un guide de voyage, prendre des photos, ajuster les lunettes de soleil, la casquette et le sac à dos, répondre aux multiples sollicitations visuelles offertes par un quartier historique, et vous en oubliez le relief sous vos pas. Les trottoirs du French Quarter ressemblent à un champ de mine si vous ne prenez pas garde. Un moment d'égarement trop prolongé et vous faites les frais du sol inégal : vous butez sur une dalle descellée, votre pied roule sur un tuyau d'arrosage, vous affrontez la précarité d'une planche de bois couvrant une tranchée provisoire, ou vous avez à surmonter un obstacle tout aussi insolite que peut l'être l'endroit. Vous vous retrouvez alors le nez dans le ruisseau comme chantait Gavroche, gagnant le privilège de rejoindre la longue liste des misérables victimes des faux-pas de la distraction et de l'étourderie.

En avançant dans la rue, notre première surprise fut de découvrir une enseigne dont la forme évoquait un chapeau noir légendaire que portait une figure incontournable de l'Histoire de France. En approchant de l'édifice décati par le temps, nous pouvions y voir une plaque commémorative mentionnant le nom du maire Nicolas Girod qui avait offert sa résidence privée comme refuge à l'empereur déchu.

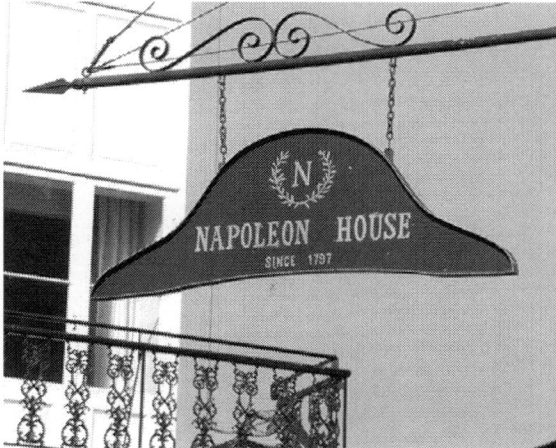

1. Au 500 de la rue Chartres, à l'angle de la rue Saint Louis, le petit bar restaurant exhibe les charmes de son passé.

En entendant nos commentaires, un jeune couple venu de Belgique saisit l'occasion de nous communiquer quelques informations glanées lors de leur visite du quartier avec une guide privée. Ils avaient approfondi le sujet en se procurant un livre sur l'histoire de la ville. Assurés de notre curiosité, ils nous faisaient profiter de leur lecture récente.

Né en 1751 à Cluses en Savoie, Nicolas Girod fut le septième maire de la ville entre 1812, l'année de l'entrée officielle de la Louisiane dans les États-Unis et 1815, date de la célèbre bataille entre américains et britanniques sur le site actuel de Chalmette. Arrivé avec ses frères au début des années 1770, il se montra très habile dans le commerce.

Les Girod développèrent une série d'entreprises très florissantes. Ils devinrent une famille influente possédant des affaires dans le négoce et le transport maritime, gérant des entrepôts, un magasin ainsi que plusieurs autres propriétés dans l'actuel « Warehouse district » dont une rue porte d'ailleurs leur nom.

Toute la communauté entra en ébullition à l'annonce de son projet de réaliser une série de travaux d'aménagement de sa maison pour y accueillir Napoléon Bonaparte. Le navire *La Séraphine* commandé par Dominique You, un des proches lieutenants du pirate Jean Lafitte, avait été apprêté pour un voyage secret destiné à arracher l'empereur des griffes de ses geôliers sur l'île de Sainte Hélène. Mais le projet fut abandonné à l'annonce de la mort de Napoléon le 5 mai 1821.

Nicolas Girod était un philanthrope. À l'inverse de ses frères, il ne se maria pas ni eut de descendance. Toujours est-il qu'il devait être très estimé pour avoir été élu maire alors qu'il ne parlait pas un mot d'anglais. D'ailleurs, la cérémonie qui eut lieu à l'issue de son élection se déroula en français. À cette époque, la langue de Molière restait majoritaire dans toute la Louisiane. Et lorsqu'à la question posée qu'il lui faudrait apprendre l'anglais en tant que nouveau maire d'une ville devenue américaine, il répondit qu'en tant que maire français, il faudrait que davantage de ses nouveaux concitoyens apprennent sa langue natale.

Pendant son mandat, il fit paver les trottoirs et creuser un canal de drainage. Il aida aussi le général Andrew Jackson dans l'organisation des milices, fournissant aux troupes la logistique nécessaire à la victoire contre les Britanniques et prévenant les tentatives de subversion. Sa motivation tenait toutefois plus à sa haine de l'Anglais qu'à son amour pour les Américains qu'il s'efforçait d'éviter. Peu avant sa mort, il laissa la somme phénoménale de 100 milles dollars pour la construction et la gestion d'un orphelinat, 30 milles dollars pour l'hôpital de la Charité et d'autres donations pour plusieurs autres institutions de la ville. Il mourut le 1er septembre 1840 dans sa résidence de la rue Chartres récupérée et agrandie après le décès de son frère Claude en 1814 qui l'avait achetée aux enchères en 1798. Il y ouvrit un commerce et vivait à l'étage. Vers 1914, une épicerie fut ouverte, puis un bar et finalement un restaurant. Après avoir été la propriété de la famille Impastato pendant un siècle, c'est à présent Ralf Brennan qui gère l'entreprise depuis avril 2015.

3. Maison Napoléon en 1905. Propriété des Girod de 1798 à 1900, puis épicerie Labourdette jusqu'en 1914 avant le rachat par la famille Impastato qui s'en sépare en 2015 au profit de la famille Brennan, propriétaire d'une dizaine de restaurants réputés de la ville.

En se retournant vers le trottoir opposé au restaurant fameux pour sa cour, son menu traditionnel et son atmosphère rétro, se profile l'énorme hôtel Omni Royal ouvert sur trois rues adjacentes, Chartres, Saint Louis et Royal. Une série d'arcades de granite forme cette partie donnant sur la rue Chartres. Au-dessus de ces arcades, des inscriptions à peine lisibles, témoignage de l'existence d'un passé que l'on aimerait oublier. Au mot « CHANGE » tronqué de sa première syllabe, il faut rajouter « EX » pour obtenir le mot d'origine qui était aussi le nom de l'hôtel précédent, le City Exchange. Mais, par commodité, ou par souci d'éviter de parler un anglais de plus en plus envahissant dans leur culture menacée, et aussi par une évidente réserve à l'égard des affaires qui s'y traitaient, les créoles francophones préféraient l'appeler l'hôtel Saint Louis.

4. Le Saint Louis peu avant sa démolition en 1915. Les arcades côté rue Chartres ont été préservées.

L'hôtel fut ouvert en 1838. L'entrée principale menait à une magnifique rotonde couverte de fresques dans laquelle, chaque après-midi, entre midi et 3 heures, avaient lieu les enchères de produits de toutes sortes mais aussi de main d'œuvre humaine. La Constitution américaine avait aboli le commerce international d'esclaves depuis

1808, décision qui incita au trafic domestique entre les états pourvoyeurs et les états demandeurs, plus particulièrement ceux qui cultivaient le coton et la canne à sucre comme l'Alabama, la Géorgie et la Louisiane. Les esclaves de Virginie étaient les plus prisés en raison d'une meilleure formation et de leur plus grande adaptabilité aux conditions de travail.

La construction de l'hôtel Saint Louis fut le projet de Pierre Soulé qui se ruina dans l'entreprise destinée à concurrencer l'hôtel Saint Charles construit dans le secteur américain. Conçu à l'origine pour couvrir l'ensemble du bloc ceinturé par les rues Toulouse, Chartres, Saint Louis et Royal, l'hôtel aurait coûté l'équivalent de 30 millions de dollars. L'architecte français Jacques Nicolas Bussière De Pouilly se mit à l'œuvre en important les matériaux de France. Mais la crise de 1837 mit un terme aux dépenses pharaoniques. La taille de l'hôtel fut réduite et les méthodes de construction furent modifiées pour réduire les coûts engagés. Après trois ans, l'édifice ouvrit ses portes avec Pierre Maspéro comme directeur. Réservé principalement aux hommes d'affaires, l'hôtel fonctionnait autour de sa rotonde où s'effectuait la majorité des transactions.

SALE OF ESTATES, PICTURES AND SLAVES IN THE ROTUNDA, NEW ORLEANS

5. La rotonde de l'hôtel Saint Louis où se donnaient de grands bals, mais là aussi où s'effectuait le commerce d'esclaves.

Un incendie provoqué par une cheminée défectueuse détruisit une partie de l'édifice en 1841, mais les dommages furent réparés aussitôt. Le rez-de-chaussée de l'hôtel était occupé par des boutiques, des banques et des bureaux. La rotonde servait aussi pour des bals épiques à l'image du fameux « bal travesti » de 1842 auquel assista le politicien et sénateur Henry Clay, invité d'honneur courtisé par 600 participants. Puis la guerre de sécession ruina le sud. L'économie battait de l'aile. L'hôtel fut utilisé comme bâtiment administratif et capitole d'état jusqu'en 1884. Ensuite, les tentatives de réhabilitation en tant qu'hôtel échouèrent. Le passé douloureux engendré sous la rotonde semblait interdire toute nouvelle entreprise. Beaucoup venaient se faire prendre en photo sur l'estrade des esclaves, comme cette femme de couleur se tenant debout à l'endroit même où, cinquante ans plus tôt, encore une fillette innocente, elle fut vendue pour 1500 dollars.

6. L'estrade aux esclaves de l'hôtel Saint Louis vers 1915

En 1915, l'hôtel abandonné depuis des années était devenu le refuge d'une cohorte de rats. La crainte fondée de propager une épidémie de peste bubonique força les propriétaires qui n'avaient pas les moyens financiers de relancer une campagne de rénovations à autoriser sa démolition. L'Omni Royal remplace aujourd'hui le Saint Louis qui survit toujours à travers la volonté de ceux qui ont choisi d'en conserver quelques traces visibles encore aujourd'hui.

Devant l'évidence de la réalité et le poids d'un passé souvent tragique, nous primes congé de nos deux guides belges improvisés sans omettre de poser avec eux devant la maison Napoléon pour immortaliser cette rencontre fructueuse et amicale. Résidant à seulement 45 minutes de la frontière, et ayant visité un nombre de fois incalculable leur pays connu pour ses bières, ses frites, ses chocolats de qualité et l'attrayante diversité de ses villes et sites historiques, nous avions eu l'impression de retrouver des voisins de longue date.

Il nous restait quelques rues à traverser pour arriver devant la cathédrale Saint Louis où devait nous attendre à présent notre guide. Nous le trouvâmes sans peine, entouré qu'il était déjà par un groupe de personnes dont les tenues vestimentaires et l'attirail photographique laissaient supposer qu'ils n'étaient pas des autochtones. Parvenus à sa hauteur, il se tourna vers nous, s'enquit de nos noms qu'il cocha sur sa liste. Il arborait un badge délivré par la ville. Outre sa photo et son nom, y étaient inscrites sa fonction et la date de validité de son permis d'effectuer des visites guidées. Il s'appelait Philippe.

Les présentations faites, le tour allait pouvoir commencer sans plus attendre.

La valeur du nombre

« La Nouvelle-Orléans a bâti sa réputation sur ce que la ville et son cœur historique peuvent offrir à ses visiteurs venus du monde entier. Et pour cause, il n'existe aucun endroit aux États-Unis et probablement sur tout le continent américain capable de ravir, de passionner, d'enchanter et d'intriguer avec autant de passion et de déraison. Depuis plus de trois siècles, ces terres foulées par de nombreuses tribus indiennes, les Espagnols, les Français, les Acadiens, les Cajuns, les Créoles, les esclaves africains et leur descendance, les planteurs des Caraïbes et des Antilles, les pirates, les corsaires, les Allemands, les Irlandais, les Italiens, les Polonais, les Anglais et les Américains ont tissé un réseau unique de traditions orales et d'histoires entremêlées de croyances, de légendes, de superstitions et d'événements parfois aussi étranges et terrifiants qui ont à jamais imprimé les rues et les lieux de mystères encore aujourd'hui non élucidés. Chacun sait que toute légende se nourrit de certaines vérités, que les faits empruntent parfois des chemins occultes que seul l'initié est en mesure d'identifier. Ensemble, je vous propose de marcher sur les traces d'un passé souvent obscur et sombre qui pourtant éclaire le présent. Ce parcours initiatique est destiné à vous révéler ce que ce sol torturé par l'histoire a enseveli dans le passé. Il lèvera une partie du voile sur les raisons de cette activité fébrile qui saisit la cité obsédée par ses fêtes et ses célébrations, abasourdie par le bruit incessant d'une vie qui tente de se faire entendre bruyamment au-delà de la chape de silence qui recouvre les heures les plus tragiques et les plus mystiques de son histoire… »

Le guide marqua une pause. Son regard se détacha du groupe pour s'éloigner bien au-delà de la ligne presque immobile que formait l'auditoire. Plusieurs participants se risquèrent à identifier la raison de cette interruption. Des têtes pivotaient, des visages disparaissaient pour laisser place à des chevelures ondulantes dans le vent ou à des crânes dégarnis, des cous se contorsionnaient. Quelques membres du groupe s'étaient écartés pour prendre des photos. Une dame d'une cinquantaine d'années que certains avaient reconnue comme la mère de la jeune fille qui était resté avec la majorité des touristes, se penchait sur les tableaux d'un artiste local qui exposait ses œuvres qu'il alignait chaque matin sur les grilles du square Jackson. Un homme d'âge mûr équipé d'un appareil photo sophistiqué mitraillait le parvis de la cathédrale Saint Louis, sa façade et le groupe de jazz qui jouait un air immortalisé par Louis Armstrong. Un jeune couple se tenait à l'écart pour consulter de toute évidence la messagerie de leur téléphone portable, plus captivé par les nouvelles des amis et de la famille qu'il avait laissé en France que par le démarrage de la visite guidée. Mais le guide ne manifesta aucun signe d'impatience ou de mécontentement à l'égard de ces dissidents éparpillés sur l'ancienne place d'armes de la ville. Son regard retourna sur le groupe formé devant lui, esquissa un sourire entendu et reprit le cours de son récit en levant une main apaisante.

« Je ne tenterai pas de vous convaincre ou de vous ensorceler avec une surabondance d'anecdotes sans relations les unes avec les autres, ou de faire surgir un squelette derrière une porte dérobée. Je me contenterai de vous relater une série d'événements étranges qui ont franchi les limites du fait divers. J'évoquerai une période qui stigmatise les réalités les plus triviales auxquelles se mêlent les angoisses et les peurs ancestrales de l'homme. L'inconnu fascine et inquiète depuis la nuit des temps. A ce titre, la Nouvelle-Orléans offre de quoi répondre à cette attente.

Adrien de Pauger est l'ingénieur-architecte qui dessina les plans du Vieux Carré. Il y décéda le 21 juin 1726. Fils d'un avocat de Dieppe en Normandie, il était d'abord destiné à la carrière militaire mais il choisit de devenir ingénieur. La Compagnie des Indes qui l'employait, l'envoya en Louisiane à la tête d'un contingent d'ouvriers du bâtiment. C'est Jean-Baptiste Le Moyne de Bienville, fondateur de La Nouvelle-Orléans qui chargea Adrien de Pauger de dessiner les plans de la ville avec l'aide de son ingénieur en chef Le Blond de la Tour. Sa formation militaire rejaillit dans son découpage de rues à angle droit.

Pierre de Charlevoix, historien jésuite et grand voyageur de l'époque s'y était arrêté en 1722 pour y découvrir 200 personnes « campées » au bord du Mississipi et un « plan fort beau et fort régulier » que lui montrait Pauger; et il réfléchissait : « Il ne sera pas aussi aisé d'exécuter ce plan qu'il l'a été de le tracer sur le papier ». Pourtant, « cinq ou six ans plus tard, des rues larges et bordées de maisons de briques s'alignent non plus sur le papier, mais sous les pas de ses habitants, » s'étonnait l'historien dans ses notes personnelles. C'est Adrien de Pauger qui a nommé les rues dont les noms existent encore de nos jours : Royal, Iberville, Conti, Bourbon, Orléans, Saint-Louis,… La rue qui prolonge la rue Bourbon dans le quartier Marigny porte son nom.

Il est étrange que le nom même de Vieux Carré ou Quartier français entre en résonance avec le chiffre 4 et l'ésotérisme qu'il suggère. Les 4 côtés de son périmètre se calque sur les 4 éléments fondamentaux qui ont inspiré tant de savants, de chercheurs, mais aussi de mystiques et d'adorateurs de l'occulte : la terre, l'eau, l'air et le feu constituent les paramètres essentiels de la fondation de la ville. Toute son histoire est liée aux terres rapportées par le puissant fleuve :

des terres chargées d'alluvions et de sédiments fertiles, des sols prometteurs de récoltes abondantes et d'une prospérité assurée, mais, à l'opposé, dernier lieu où s'achève toute matière vivante qui y retourne et s'y désagrège ; les eaux puissantes qui encerclent la ville et la menacent à chaque instant d'envahir ses rues et ses habitations ; ces mêmes eaux porteuses de vie mais aussi de mort à l'occasion d'inondations historiques ou d'épidémies véhiculées par les moustiques et les insectes qui se développent dans ces marécages stagnants propices à transmettre la malaria, la fièvre jaune et autres maladies tropicales ; les vents des tempêtes destructrices et des brises charriant les maladies alors que l'air respiré permet d'exister ; enfin, le feu purificateur qui permet de cuire de quoi manger sans trop de danger, qui réduit les risques de propagation des épidémies telles que le choléra et la peste, mais qui ravagea à plusieurs reprises ce quartier hanté par les prêtres, les chamans, les sorciers, les francs-maçons, les apothicaires, les disciples de rites étranges et les créatures nocturnes. Notez également aux angles de ce square la présence de 4 statues représentant chacune les saisons dont le nombre atteste l'importance de ce chiffre que nous rencontrerons tout au long de cette découverte pédestre que je ne crains pas de nommer, votre « parcours initiatique ».

En se déplaçant latéralement, le guide nous invita à nous tourner en direction du bâtiment central. Sa paume ouverte vers le ciel, il désigna ce lieu du culte qui avait été consacré basilique par le pape Jean-Paul II en 1987.

« Telle que vous la voyez là, la cathédrale Saint Louis est l'élégant produit architectural d'un projet de reconstruction datant de 1850. Elle se distingue surtout par ses deux clochers latéraux et son clocher central supportant la cloche. L'intérieur reflète aussi cette trilogie sacrée avec un autel central principal et deux autels latéraux. Les grandes orgues, le vestibule, les statues et les fresques peintes au plafond complètent cet édifice aux charmes indéniables. La première église construite sur cet emplacement date de 1721, trois ans après la fondation de la ville. Temporaire, elle était constituée de planches et de clous pour répondre aux attentes spirituelles et aux craintes des colons français ».

7. La cathédrale Saint Louis aujourd'hui.

« Il faut bien comprendre que les premiers colons étaient avant tout des militaires, des aventuriers, des explorateurs et des investisseurs plutôt téméraires séduits par l'appât du gain facile sur un territoire pour ainsi dire vierge de toute présence « civilisée ». Peu de femmes faisaient partie des toutes premières vagues de colonisation de la région. Il va sans dire que les raisons de leur présence minimale se justifiaient par de nombreuses excuses qui les tenaient éloignées de toute installation aussi peu engageante. Lorsqu'il leur était demandé de venir apporter leur contribution au peuplement de la jeune colonie, ces dames se retranchaient la plus grande majorité du temps derrière les raisons du plus bel aloi : la chaleur excessive d'un été qui s'éternisait à n'en plus finir ; les risques de tempêtes violentes que l'on allait nommer plus tard des ouragans ; la possibilité presque garantie de croiser le chemin d'un serpent dont certains étaient venimeux comme le serpent corail, le mocassin d'eau, le crotale, le tête de cuivre et le serpent à bouche de coton ; l'éventualité de se trouver sur le passage d'un alligator ou de servir de repas aux sangsues, aux moustiques et à toute une armada de créature toutes plus effrayantes les unes que les autres. À cette perspective peu alléchante, ces dames déclinaient sans remords l'invitation à venir procréer avec les premiers colons. En conséquence de quoi, beaucoup de ces messieurs esseulés choisirent d'épouser après de longs mois d'abstinence, des jeunes filles indigènes originaires des tribus locales, voire des filles de couleur libre venue des îles. Il allait sans dire qu'elles apportaient avec elle leur propre culture, les traditions familiales et leurs croyances qui n'avaient rien à voir avec la religion catholique des colons francophones. Cet amalgame intégrait animisme et cultes exotiques. Se mêlaient alors des rites étranges comme la danse du feu, celle de la pluie, les sacrifices, l'usage de l'encens, de drogues, et diverses techniques destinées à créer une passerelle avec le monde des esprits et des ancêtres.

Confrontés à ces croyances telles que le vaudou, il fallait entreprendre de convertir ces populations au culte religieux dominant, de stabiliser une communauté soucieuse de s'adapter à des conditions d'existence souvent pénibles mettant en péril son succès et sa rentabilité. L'église devint alors le ciment de la cohésion. Comme en France ou au Canada, elle devait servir les intérêts de leurs dirigeants par la soumission de tous aux enseignements de la Bible. Avec la multiplication des familles et le développement de la ville, la première église de fortune fut détruite pour faire place à un édifice permanent de nature à imposer le respect du culte catholique.

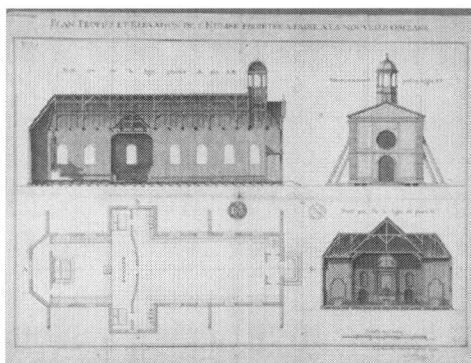

8. Plan d'Adrien de Pauger datant de 1724. Il décède le 21 juin 1726 avant l'achèvement de son projet.

La seconde église fut donc bâtie en 1727 avec des briques et des poutres, mais elle disparut dans les flammes de l'effroyable incendie du vendredi saint, le 21 mars 1788, incendie qui réduisit en cendres la presque totalité du Vieux Carré.

En mars, le temps est très agréable. C'est l'occasion d'ouvrir ses fenêtres et de profiter l'un air léger et doux. Mais un coup de vent renversa une bougie allumée.

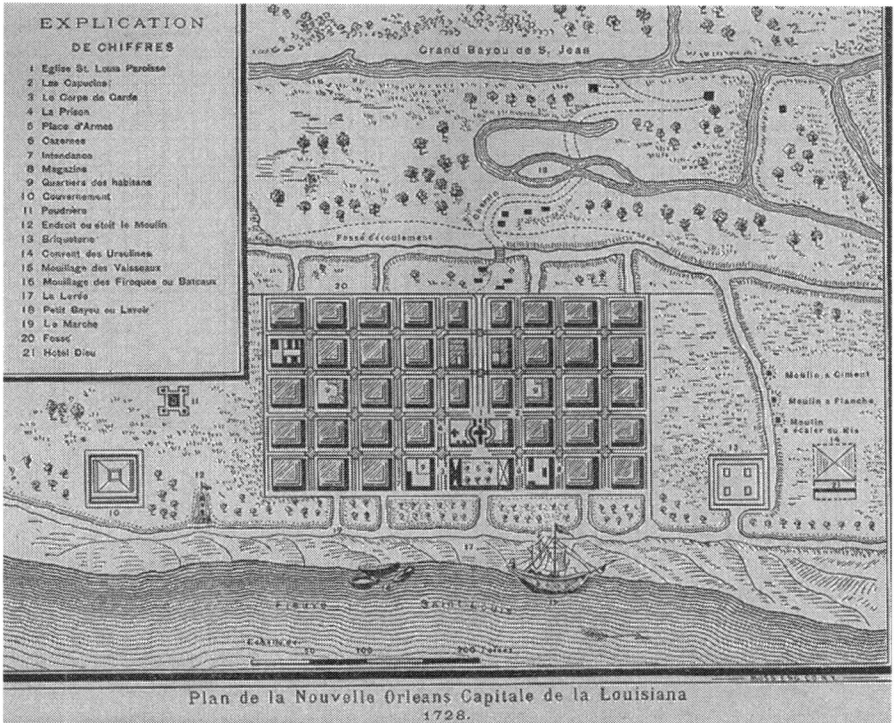

Plan de la Nouvelle Orleans Capitale de la Louisiana 1728.

9. La Nouvelle-Orléans en 1728

La flamme embrasa les draperies de dentelles de l'autel privé du trésorier militaire, Vincente Jose Nuñez, résident au 619 de la rue Chartres… Rapidement les meubles de bois attisèrent l'incendie qui s'étendit à l'appartement, puis au bâtiment entier pour finir par réduire en cendres 850 habitations sur le millier que comptait la ville à l'époque.

Fervents pratiquants, les espagnols ne laissèrent pas la ville sans lieu de culte. Ils firent élever une église plus majestueuse qui fut promue cathédrale par le Pape Pie VI en 1793.

Le groupe qui s'était reformé dans son intégralité après les escapades du démarrage, attendait à quelques explications complémentaires, mais le guide marqua de nouveau une pause avant de déclarer qu'il reviendrait sur cet incident un peu plus tard dans le cours de cette visite. Nous restions sur notre faim. Mais il semblait que l'histoire de cette ville allait captiver notre attention au-delà des espérances de la majorité des membres du groupe qui s'était rapproché un peu plus du guide sans même qu'il ait eu à demander de le faire à mesure que les intonations de sa voix incitaient à souder les éléments disparates et les « électrons libres » qui avaient réintégré les rangs de la troupe. Des regards s'échangèrent, des visages intrigués et des expressions émoustillées par les dernières informations délivrées semblaient lancer le véritable démarrage de cette initiation promise quelques instants auparavant.

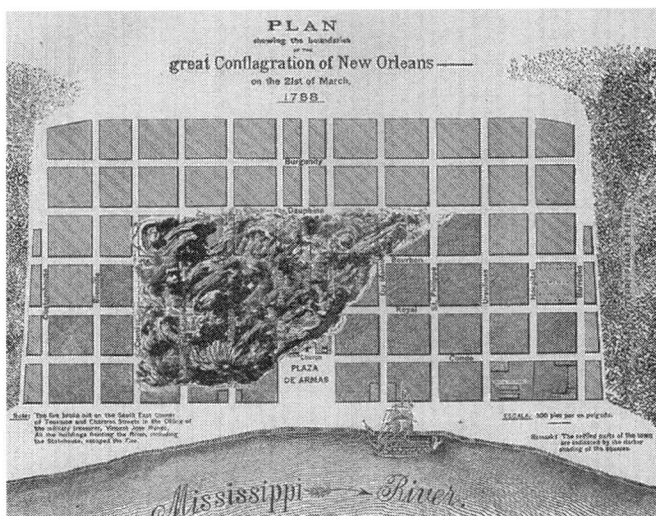

PLAN
showing the boundaries
of the
great Conflagration of New Orleans
on the 21st of March,
1788

Mississippi — River.

10. L'incendie de 1788 ne s'étendit pas au-delà de la rue Dauphine car aucune habitation n'avait encore été construite sur ces lopins de terres défrichés et préparés pour les constructions futures.

La visite allait durer deux heures trente. Cela paraissait à bon nombre d'entre nous beaucoup trop long. Je remarquai des sourcils interrogateurs, des gens qui consultaient leur montre, d'autres qui se penchaient vers leur voisin pour leur faire part de leur inquiétude relative à cette durée. Au terme de la visite, tout le monde sembla rester sur sa faim. Le temps avait filé à une allure ahurissante. Certains même demandaient des informations complémentaires pendant que nous prenions congé du guide. Nous sûmes alors qu'il était l'auteur de ce tour et qu'il avait publié un ouvrage sur ce que nous venions d'entendre. Les commandes fusèrent et rendez-vous fut pris pour une signature de livres à la boutique française où il était possible de s'en procurer un. Nous allions pouvoir revivre en détail les événements incroyables qu'il nous avait relatés...

Une question de foi

Le mystère commença le 3 novembre 1762, quand Louis XV, le roi de France, céda secrètement la ville et les terres de la Louisiane sur la rive droite du Mississippi au roi d'Espagne à l'occasion du Traité de Fontainebleau.

11. Louis XV en 1748 par Maurice Quentin de la Tour.

Il avait senti le vent tourner à son désavantage. En effet, quelques années plus tôt, en 1756, la diplomatie française avait opéré un spectaculaire revirement dans ses alliances. Elle avait choisi de rompre avec le francophile roi de Prusse et s'était ainsi rapprochée de son ennemie de plusieurs siècles : la Maison d'Autriche. L'agression prussienne contre la

Saxe le 2 août 1756 coalisa alors la plupart des princes allemands, l'Autriche, la Russie, la Suède et la France. Seule l'Angleterre restait aux côtés de la Prusse. La France et ses alliés possédaient l'avantage numérique. Mais leur action n'était pas coordonnée, et les armées furent très mal commandées. Les Prussiens, en revanche, étaient bien entraînés et bien mieux dirigés. Frédéric II écrasa l'armée française le 5 novembre 1757 à Rossbach, puis les Autrichiens et les Russes dans les mois qui suivirent. Sur mer et dans les colonies, l'affrontement franco-anglais tourna au désastre pour les Français. Le 8 septembre 1760, à Montréal, l'armée française capitula face à des troupes anglaises quinze fois plus nombreuses. Un an après la chute de Québec, cette nouvelle défaite marqua la fin de la présence française au Canada. Plus qu'un épisode de la guerre de sept ans, la guerre en Amérique du Nord fut une lutte qui opposa les colons anglais (ils étaient un million et demi vers 1760), aux colons français (seulement 80 mille environ, dispersés de la Louisiane au Canada).

Déjà en 1754, en pleine paix, un incident sanglant avait opposé le colonel Washington, futur président des États-Unis, aux Français. Pendant la guerre de sept ans, les Anglais envoyèrent 35 mille soldats. La France en achemina neuf mille à peine. La défaite de 1760, sanctionnée plus tard par le Traité de Paris, résulta du faible intérêt suscité en France pour l'Amérique du Nord. Voltaire lui-même se moquait d'ailleurs de ces « quelques arpents de neige » perdus dans des contrées lointaines et sauvages. En toute logique, le Traité de Paris du 10 février 1763 devait aboutir au maintien du statu quo en Europe de l'Est, tandis qu'il officialisait la perte par la France de la plus grande partie de son premier empire colonial. La France conserva la Louisiane limitée à présent à la rive droite du Mississippi, Saint Domingue, la Guadeloupe, la Martinique et Sainte-Lucie. Du Canada, il ne restait que le minuscule archipel de Saint-Pierre-et-Miquelon et des droits de pêche dans la région. Dans l'océan Indien, la France ne garda que les comptoirs de l'Inde comme Pondichéry ou

Chandernagor, l'île Bourbon (l'actuelle Réunion), et l'île de France (l'île Maurice).

12. En bleu, les terres qui furent un jour ou l'autre contrôlées ou possédées par la France.

Les Britanniques s'étaient saisis du Canada français, mettant la main sur les territoires conquis par la France au cours des précédentes expéditions à l'occasion de multiples affrontements militaires. La défaite de Louis XV dans la guerre de sept ans avait donc scellé le sort de la présence française autour du globe. Il s'était efforcé de conserver les Antilles au détriment des Indes, ce qui lui valut de perdre le contrôle des voies maritimes vers l'Orient. Les choix et les prises de décision n'avaient pas été des plus judicieuses et forçaient le royaume de France à se repositionner sur l'échiquier des conquêtes. La partie orientale de la Louisiane avait été cédée à l'Angleterre par le traité de Paris. Les Acadiens avaient alors la possibilité d'émigrer sur la rive droite, mais découvrirent bientôt que ce territoire n'appartenait plus à la France depuis le traité secret de Fontainebleau du 3 novembre 1762. Rétrocédée ensuite par l'Espagne en 1800, Napoléon la jugea indéfendable et la vendit en 1803 aux Américains.

La transition et la passation de pouvoir entre les deux nations alliées prenaient beaucoup de temps. En dépit de nombreux revers de médaille, la France continuait d'étendre son influence à travers le territoire en fondant d'autres communautés qui deviendront des villes de premier ordre comme Saint Louis dans le Missouri.

13. Jean-Jacques Blaise d'Abbadie (1726-1765). Né dans les Basses-Pyrénées, il est le seul gouverneur français à mourir en Louisiane. Il est enterré dans la cathédrale Saint Louis.

En avril 1764, Jean-Jacques Blaise d'Abbadie avait reçu l'ordre d'administrer la Louisiane pour la couronne espagnole. Mais sous le poids écrasant des traditions en place et l'insistance des notables qui le secondait, il se garda bien en tant que gouverneur colonial d'insister sur le fait que c'était l'Espagne qui était à présent aux commandes. En l'absence de tout représentant officiel, la vie reprenait son cours comme si rien n'avait changé et très vite tout le monde avait oublié un climat politique pour le moins confus. Bien sûr, la grande majorité des résidents de ces territoires n'étaient pas informés de l'affaire. À la mort du gouverneur Abbadie en février 1765, le capitaine Charles Philippe Aubry assuma la charge de gouverneur dans l'attente incertaine d'un remplaçant officiel mandaté par l'Espagne. Jean Milhet, notable de la ville et négociant prospère, se rendit même à Versailles pour convaincre le roi de reprendre la Louisiane. Mais aucune audience ne lui fut accordée. Finalement, et presque contre toute attente, le 5 mars 1766 vit l'arrivée du gouverneur espagnol Antonio de Ulloa. Il n'était seulement accompagné que de 75 soldats. Compte-tenu du fait qu'il maîtrisait plutôt mal le français, il choisit de résider à La Balize, le premier fort français à l'embouchure du Mississippi, ne se rendant à la Nouvelle-Orléans que pour affaires et distractions.

Il s'était produit un vent de panique chez les Créoles et les Français de souche lorsqu'une escouade marchant en tête de la délégation se rendit sur la place d'armes, approcha le mât au sommet duquel flottait le drapeau de la couronne royale ornée de la fleur de lys, et le descendit pour le remplacer par celui de leur royauté. Le mât est toujours présent, à la différence qu'il n'est plus en bois mais en aluminium et en haut duquel flotte aujourd'hui le drapeau des États-Unis. Témoins de cette alternance et croyant à une invasion en l'absence de notification officielle, des résidents échauffés par les récentes rumeurs prirent les armes. La cloche de l'église retentissait à la demande du gouverneur Aubry pour accueillir Ulloa, mais ignorant du fait, la plupart pensait qu'elle martelait le signal de l'alerte et permettait ainsi de rassembler les hommes autour de leurs chefs d'équipe. Un groupe se ruait déjà à la rencontre de l'escouade espagnole qui achevait leurs préparatifs au pied du mât. À l'arrivée précipitée de la milice, ils se retournèrent avec l'espoir d'être accueillis par les notables et les représentants officiels. À leur immense déconvenue, ce n'est pas le comité d'accueil qui se ruait vers eux, mais un groupe de furieux gesticulant et armé jusqu'aux dents.

Après une escarmouche inattendue, les soldats espagnols battirent en retraite sous le coup de l'incompréhension la plus complète. Il n'y eut aucune victime, pas même un blessé. Aubry dut finalement convoquer le conseil municipal et informer la population des changements à venir. S'en suivi d'innombrables tractations, revendications et échanges de point de vue. Les choses se calmèrent un temps en l'absence du gouverneur espagnol et de ses soldats plutôt discrets. Mais la situation finit par s'envenimer quand Ulloa annonça son intention de mettre un terme aux opérations de contrebande qui faisaient les choux gras de la communauté. L'embouchure du fleuve serait placée sous haute surveillance et le commerce avec la France et ses colonies serait contrôlé également. Cela ne pouvait signifier que la ruine de l'économie locale et un coup décisif contre les fortunes qui se faisaient à force de pot-de-vin, d'alliances, de corruption et d'ententes au mépris le plus souvent de la loi et de la réglementation commerciale. Les notables se sentaient attaqués dans leurs prérogatives. Il fallait réagir et prendre les devants.

À l'automne 1768, Denis Nicolas Foucault, intendant général officiant sous le même titre durant la période de transition, et Nicolas Chauvin de Lafrenière, procureur général dont les fonctions avaient été reconduites sous le gouvernement espagnol, fomentèrent un complot pour débarrasser le territoire de la présence indésirable du gouverneur Ulloa. Joseph Milhet partit semer les graines de l'insurrection dans les villages à l'ouest du fleuve. Joseph Villeré fut dépêché plus au nord de la ville. Pierre Marquis fut nommé chef de la milice et Balthasar Masan se rendit en Floride pour réclamer l'appui des indépendantistes, des communautés françaises de l'ancienne colonie de Louisiane, voire des Britanniques eux-mêmes qui ne rechigneraient pas à profiter de l'occasion pour se débarrasser des Espagnols qui lorgnaient sur leurs possessions. Dans la foulée, les conspirateurs firent arrêter l'officier supérieur Gilbert Antoine de Saint Maxent, accusé de collaborer avec « l'ennemi ». Le 28 octobre, les émeutes éclatèrent en ville. Incapables de se faire entendre, les tentatives de négociations échouèrent devant la vindicte populaire et le rejet catégorique du conseil municipal à autoriser cette ingérence qu'il jugeait illégitime et abusive, la délégation espagnole n'eut pas d'autre choix que de se retirer sous les menaces et finit par quitter la ville pour rendre des comptes et informer l'Espagne de cette rébellion inattendue. Aubry fit escorter Ulloa et sa femme jusqu'à un vaisseau espagnol. Le conseil vota son départ dans les trois jours. Ulloa honora l'injonction et quitta le territoire le 1er novembre. Saint Maxent fut réintégré dans ses fonctions militaires et Jean Milhet retourna une fois encore en France pour demander une audience de nouveau refusée par Louis XV.

Seulement, avec beaucoup de retard, les nouvelles de France attestèrent du bienfondé de l'occupation espagnole. Même si chacun estimait que les choses auraient pu se dérouler dans des conditions un peu plus diplomatiques, toute la communauté adhérait à l'idée d'avoir pu conserver son indépendance et n'entendait pas abandonner ses prérogatives pour le bien de la politique étrangère. Passé le traumatisme de l'abandon par la France et de l'isolement dans lequel la Nouvelle-Orléans pouvait se retrouver à l'issue de ces traités, les larmes, les rancœurs et le sentiment de trahison finirent par s'estomper pour laisser la vie économique et sociale reprendre son cours comme si rien ne s'était passé.

En mai 1769, sentant le vent tourner à l'avantage de l'Espagne dont le retour était imminent, Saint Maxent mit un terme aux échanges avec Pierre Laclède et sa ville de Saint Louis dans le Missouri qui était devenu un havre pour les réfugiés français au milieu du territoire passé sous la houlette britannique. Il avait été informé qu'un général avait été nommé gouverneur de Louisiane en avril dernier et qu'il devait être à présent en route pour la Havane avant de prendre ses fonctions. Une flotte de 21 navires espagnols transportant des troupes aguerries et un féroce gouverneur de descendance irlandaise allaient changer radicalement la région. Le 19 juillet, Alejandro O'Reilly débarquait à la Nouvelle-Orléans avec deux mille hommes. Les excuses et les promesses ne suffirent pas à calmer les exigences de la nouvelle autorité. Il lui fallait imprimer dans les esprits les lois de la couronne espagnole dans l'urgence de son mandat. La période de transition présentait des risques que Don Alejandro ne souhaitait pas prendre. Le prêtre de l'époque, le père Dagobert, assistait à ses entretiens parfois tendus entre Charles

Philippe Aubry, le dernier gouverneur de la Louisiane française, et O'Reilly, le général devant assurer la gestion de la colonie en tant que nouveau gouverneur espagnol. Le 27 juillet, O'Reilly organisa un meeting « cordial » avec le soutien de Saint Maxent rallié à sa cause et Francisco Bouligny, officier espagnol francophone sous son commandement. Les conspirateurs auraient à déclarer leur respect pour la couronne d'Espagne. La cause était entendue. En dépit du fait qu'il n'y avait eu aucune effusion de sang durant la rébellion, O'Reilly était bien décidé à faire arrêter les chefs de l'insurrection et les châtier de manière à imposer définitivement son autorité. Les autres seraient pardonnés à la condition qu'ils fassent serment d'allégeance au nouveau pouvoir. Le 18 août le drapeau français fut descendu pour être remplacé en grandes pompes par celui de l'Espagne. Le lendemain était le jour du dîner fatidique pour les comploteurs les plus représentatifs de la communauté.

14. Alejandro O'Reilly est né en 1732 à Dublin et meurt en 1794 en Espagne.

O'Reilly menait l'affaire rondement. Il fallait mettre un point final aux réticences et aux revendications. Le père Dagobert, dont on ne sait si, en ce jour funeste, avait mis sa soutane à l'envers, prit la liberté de se retirer non sans décocher un regard réprobateur à Aubry qui avait fait la liste des conspirateurs et prenait à présent le parti d'O'Reilly. Informés par le prêtre zélé qui leur suggéra de prendre quelques affaires, de quitter la région pour quelque temps, et d'attendre que les esprits s'apaisent de nouveau, les membres du Conseil de la ville et quelques autres initiateurs de la rébellion, prirent la fuite sans trop hésiter devant la menace d'être jetés en prison. Tous prirent rapidement congé de leur famille en leur promettant un retour prochain et se lancèrent à pied dans la périlleuse aventure de longer le fleuve vers l'ouest, leurs chevaux ayant été confisqués et placés sous bonne garde le matin même.

Cependant, avec l'aide du gouverneur Aubry, O'Reilly lança ses soldats à la poursuite des créoles rebelles, Joseph Villeré, Lafrenière, Noyan, Milhet, Caresse et Marquis. Ils furent rattrapés en aval du Mississippi quelques jours plus tard alors qu'ils campaient près d'un bayou. Joseph Villeré tenta de négocier puis de résister à son arrestation. En échange de quoi, il reçut un coup de baïonnette dans le côté. Le petit groupe de fuyards se rendit en déposant les armes. Ils furent ramenés en ville comme des criminels, entravés par des chaînes qui leur liaient les poignets et les chevilles. En l'absence de soin pendant le voyage de retour, Joseph Villeré, affaibli par la perte de sang et l'infection de sa blessure, décéda en prison seulement quelques jours après avoir y été jeté. Les cinq autres membres du conseil furent condamnés par un tribunal expéditif composé d'O'Reilly et de ses officiers. Amenés sur la place d'armes, puis alignés soigneusement les uns à côté des autres, ils furent alors fusillés par un peloton d'exécution sous les yeux effarés de la communauté indignée et choquée par la perte brutale des notables de leur ville.

Lorsque le père Dagobert se tourna les yeux embués de larmes vers le général espagnol pour convenir avec lui que la tradition chrétienne réclamait que les victimes reçoivent les honneurs d'une messe et d'un enterrement catholique, il lui fut répondu que ces dépouilles seraient laissées devant l'église Saint Louis. Décontenancé par ce qu'il venait d'entendre, il renouvela sa question qui n'eut pour effet que t'entamer la patience de son interlocuteur qui posa une main lourde sur le pommeau de son épée, ajusta lentement son col avant de plonger un regard implacable dans les yeux bouleversés du prêtre. Sa voix se fit entendre très distinctement et une grande partie des témoins de l'exécution saisit toutes les implications de la réponse du gouverneur espagnol. O'Reilly interdisait formellement à quiconque de déplacer les corps ou de procéder à leur enterrement. Ils devaient rester là jusqu'à leur décomposition pour que chacun retienne la leçon sous peine de subir le même sort. Sa décision était considérée comme odieuse par les résidents, surtout les catholiques français, créoles et espagnols, mais aussi par le père Dagobert.

Le lendemain matin, comptant sur les effets d'une nuit apaisante, ce dernier prit sur lui de rendre visite à cet impitoyable gouverneur, le suppliant de l'autoriser à enterrer ces hommes qui avaient été ses amis. O'Reilly refusa à deux reprises. Excédé par l'acharnement du père, il le menaça même de le faire exécuter à son tour s'il devait jamais réitérer sa requête. Dès lors il fut surnommé « le sanguinaire » par les habitants de la communauté angoissée par les conséquences de la décision de laisser ces corps privés des sacrements les plus essentiels. Dans cette communauté influencée par les traditions chrétiennes, mais aussi par les rites amérindiens très présents auxquels se mêlaient également les superstitions liées au vaudou, les théories les plus folles parcouraient les rues de la ville. Beaucoup s'inquiétaient qu'il ne faille un jour payer chèrement les conséquences de cet acte inhumain en offrant aux créatures nocturnes, les animaux sauvages des marais, et les monstres nés des légendes importées des îles lointaines, l'occasion de se manifester au cœur même de leur communauté.

Deux jours s'étaient écoulés depuis l'exécution et les tentatives visant à donner une sépulture décente avaient toutes échouées. Denis Nicolas Foucault, l'intendant général, fut envoyé en France où il purgea une peine de deux ans d'emprisonnement. D'autres comploteurs furent emprisonnés à Cuba puis libérés deux ans plus tard. Leurs biens et leur propriété avaient été confisqués, leurs familles forcées de quitter la ville. O'Reilly imposa la dissolution du Conseil de la ville et fit remplacer les lois françaises par celles des colonies espagnoles. Aubry, quant à lui, ne put échapper à son destin après avoir tourné le dos à la Louisiane qu'il laissait aux « bons » soins d'O'Reilly. Le navire sur lequel il commençait son voyage de retour en France, le *Père de Famille*, fit naufrage aux larges des côtes françaises qu'il ne revit jamais.

Le père Dagobert avait lui-même été menacé de rejoindre ses amis exposés aux intempéries, aux rats et aux ravages du temps s'il tentait d'agir à l'encontre des ordres donnés par le « sanguinaire » gouverneur espagnol comme on se plaisait à le surnommer dans la communauté. Mais c'est une tempête qui décida finalement de leur sort. Il sut alors ce qui lui restait à faire. Profitant de cet orage nocturne qui dissuada les soldats de monter la garde sur le parvis de l'église et la place d'armes attenante, il rassembla les familles des victimes qui l'aidèrent à placer les corps dans des caisses en pin assemblées grossièrement à la hâte à l'insu des autorités. Il fit une messe, chanta résolument son oraison funèbre et mena les funérailles de bout en bout. Derrière les fenêtres du voisinage, les visages se multipliaient lorsqu'il marcha en tête de la procession vers le cimetière Saint Pierre tout en psalmodiant des cantiques. Toujours sous une pluie battante, les dépouilles furent alors enterrées dans des tombes anonymes.

Lorsque le soleil fit son apparition au petit matin, les gardes retournèrent prendre leur tour de garde. Qu'elle ne fut pas le choc de tous ceux qui constatèrent la disparition mystérieuse des corps. Aucune des raisons avancées ne mettaient en cause le père Dagobert. On parlait à demi-voix de créatures des bayous qui seraient venues emportés les cadavres. D'autres suggéraient l'intervention divine, d'anges vengeurs, d'esprits contrariés. Enfin, certains s'accordaient à soupçonner que les victimes s'étaient transformées en créatures telles celles décrites dans les rites vaudou les plus obscurs. Quelques âmes sensibles défaillaient même à l'idée de découvrir l'un de ces chers infortunés disparus, transformé en zombie, surgissant d'une ruelle sombre et déserte. Aucun ne cherchait pas au-delà des croyances qui animaient les conversations d'une large proportion de la population, beaucoup redoutaient que la communauté ait un jour prochain à payer le prix de ce forfait.

Ainsi, personne ne se présenta pour arrêter le bon prêtre. Les années passèrent, le père Dagobert mourut de mort naturelle en 1776 et fut inhumé sous l'autel principal. Dagobert de Longuory était un moine capucin arrivé de Québec en 1722. Il était devenu le prêtre de l'église Saint Louis en 1745 et fut quelque temps plus tard nommé vicaire général du diocèse. Il fut actif pendant plus de 50 ans, connu comme le défenseur des pauvres, célébré pour sa douceur et son dévouement à l'égard de toute la communauté. Il prônait l'affranchissement des esclaves, ce qui parfois lui occasionnait quelques échanges animés avec les propriétaires qui s'efforçaient de ne pas le croiser sur leur chemin. On le connaissait dans toute la région pour ses convictions et sa personnalité charismatique. Décrit comme un peu rond mais jovial, appréciant parfois un peu trop les nourritures terrestres, et surtout le vin, il était même considéré comme un véritable gastronome. Critiqué par le clergé espagnol pour avoir été trop laxiste, sa tenue n'avait rien de traditionnelle. Il portait le tricorne, célébrait les naissances et les mariages chez ses paroissiens, fréquentait les tavernes et fut en charge de l'hôpital de la charité pendant huit ans au cours des années 1750.

Maintenant que tout était rentré dans l'ordre, O'Reilly renvoya la plupart de ses troupes à Cuba pour se consacrer à redresser la Louisiane en lui assurant un approvisionnement stable. Il réforma beaucoup de pratiques bureaucratiques qui ralentissaient le développement économique de la région. Il bannit aussi le commerce d'esclaves amérindiens, régularisa l'usage des poids et des mesures sur les marchés, améliora la sécurité publique et commissionna une subvention pour la maintenance des ponts et des digues. Il délégua alors ses pouvoirs à l'un de ses militaires qui l'avait aidé à mater la rébellion, Luis de Unzaga. Ce dernier prit ses fonctions dans le nouveau siège du gouvernement espagnol, le Cabildo, et devint gouverneur le 1er décembre 1769. Libéral, il épousa l'année suivante la seconde fille de Gilbert Antoine de Saint Maxent et rétablit le commerce sans restriction.

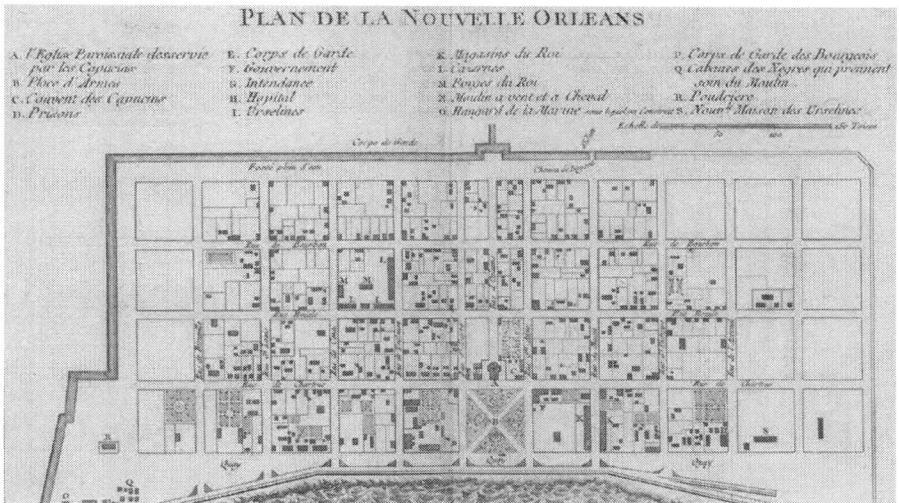

PLAN DE LA NOUVELLE ORLEANS

15. Sur cette carte de 1764, les rues Dauphine et Bourgogne n'ont pas encore été ajoutées. Des parcelles restent inoccupées dans l'attente de nouveaux arrivants.

Le territoire devait rester aux mains de l'Espagne jusqu'en 1800 quand la Louisiane fut restituée à la France à la suite du 3ème traité de San Ildefonso, mais le gouvernement en place continua d'administrer la région jusqu'à la vente de la Louisiane aux américains le 30 avril 1803. Napoléon l'offrit à Thomas Jefferson pour 15 millions de dollars. La France cédait ainsi plus de deux millions de kilomètres carrés de territoire au prix de 3 centimes l'acre, soit une surface représentant près d'un quart des États-Unis. Cette immense superficie englobe la Louisiane actuelle, mais aussi des parties de l'Arkansas, du Missouri, de l'Iowa, du Minnesota, du Dakota, du Nebraska, du Nouveau-Mexique, du Texas, de l'Oklahoma, du Kansas, du Montana, du Wyoming et une partie du Colorado…

Il est difficile de déterminer ce qu'il advint des six tombes maintenues dans l'anonymat. Des années plus tard, le cimetière fut condamné, les espagnols estimant qu'il n'était pas très sain sous ce climat d'inhumer les morts au milieu des vivants. Les cercueils avaient une fâcheuse tendance à remonter à la surface par une trop forte présence d'eau. Les inondations fréquentes provoquées par les crues de printemps ou les tempêtes tropicales de la saison chaude saturaient les terres marécageuses environnantes, contribuaient à augmenter un taux d'humidité déjà élevé, ramollissaient le sous-sol instable et, par pression, faisaient remonter ce qu'on tentait de conserver six pieds sous terre… Quelle n'était pas la surprise et le choc de ceux qui venaient d'inhumer un être cher et de le voir réapparaître quelque temps plus tard à l'occasion d'une inondation, flottant au gré du courant et passant sous leur nez. Ce fut précisément le cas il n'y a pas si longtemps que cela au cours de l'ouragan Betsy en 1965. Certains des caveaux de famille vieillissants ou présentant des signes de dégradation avancée, finirent par céder sous la pression des eaux dévastatrices et laissèrent leur contenu macabre surnager dans les rues de la Nouvelle-Orléans. Cette situation traumatisante se reproduit lors de l'ouragan Katrina en 2005. Un habitant d'une petite ville voisine retrouva le cercueil de sa mère dans un fossé isolé huit mois après que le cimetière où elle reposait fut littéralement dissous par les eaux déchaînées.

Un nouveau cimetière fut érigé à l'extérieur du Vieux Carré et bientôt des maisons commencèrent à sortir de terre sur l'emplacement de l'ancien. On s'efforça de respecter le repos des disparus en les transférant sous l'œil attentif de la famille ou des descendants, mais pour les tombes non marquées, oubliées ou abandonnées, il semble qu'on ne prit pas autant d'égards. Au fil des années, avec le redéveloppement du Vieux Carré, et de la mise en chantier de nouvelles maisons, bien des ossements humains furent mis à jour. Certains retrouvèrent le chemin d'une sépulture décente, d'autres finirent dans un musée, un laboratoire, ou furent incinérés sans autre forme de procès. C'est pour ces raisons qu'il est dit dans de nombreuses familles croyantes ou adeptes des cultes fondés sur les légendes et les superstitions que pendant certaines nuits d'orage, il n'est pas rare d'entendre les lamentations distantes et des gémissements étouffés de ceux qui n'ont jamais retrouvé leur place parmi les disparus chanceux d'avoir trouvé le repos éternel.

Les premières funérailles enregistrées en ville se faisaient dans le petit cimetière situé au coin de la rue Saint Pierre et de la rue Bourgogne entre 1721 et 1800. Il faut savoir que les cercueils étaient percés de trous avant leur enfouissement dans la terre argileuse. Ce détail essentiel évitait, après maintes désagréables surprises lors des inondations régulières, de voir remonter les cercueils à la surface, ce qui était plutôt fréquent avant cette pratique astucieuse ! Avec le développement de la ville, le cimetière vint à manquer de place. Il fut alors décidé d'ouvrir un nouveau cimetière à l'extérieur des remparts. La crainte de provoquer une épidémie fit qu'on n'opéra que quelques transferts importants pour les défunts les plus renommés et pour ceux qui avaient les moyens de payer les frais inhérents à ces déplacements délicats. Ensuite, avec la demande croissante liée au développement économique, on finit par construire sur l'ancien cimetière et, à l'occasion de travaux de rénovations de la chaussée ou d'habitations dans cette zone, il n'était pas rare pour les ouvriers de mettre à jour quelques restes et ossements oubliés, découvertes macabres qui ont fasciné des archéologues et des historiens locaux. Les résidents craignaient qu'un jour leur chien ne dépose à leurs pieds un fémur fraîchement déterré dans leur jardin tandis qu'ils sirotaient tranquillement un verre de vin dans l'intimité de leur salon. Les découvertes inopinées continuent d'alimenter les conversations à l'occasion des travaux entrepris dans le quartier. Une collection d'articles variés allant de pièces de vêtements, de bijoux et d'ornements funéraires est conservée par plusieurs universités locales.

Les manifestations supposées du Père Dagobert sont particulièrement touchantes. Des témoignages troublants font état de sa présence dans la cathédrale et sur le chemin entre l'église et le cimetière aujourd'hui enfoui sous de nouvelles bâtisses. Ils évoquent tous une voix mélodieuse presque angélique murmurant des hymnes religieux et surtout le kyrie qu'il chantait lors des funérailles de ses amis créoles. N'ayez donc aucune crainte si votre oreille capte quelques fragments de ces chants à l'occasion d'une soirée pluvieuse entre la cathédrale et le long de la rue Saint Pierre. Ce sera alors le signe qu'une âme charitable vous fait l'honneur d'une prière de bon augure.

En 1779, Antonio de Sedella arriva en Louisiane en tant que représentant de l'Inquisition espagnole.

Il avait des idées arrêtées sur la question et sa mission dans le Nouveau Monde. Connu comme le bigot espagnol, il provoqua troubles et chagrins lors de ses premiers pas dans la société très particulière de la ville. Il s'ingéniait à vouloir convertir ses ouailles en dépit de leurs origines. Tel un limier aux sens affûtés, il débusquait les familles qui pratiquaient des croyances divergentes, les menaçait de perdre leur âme, les condamnait à la damnation éternelle si elles n'épousaient pas le culte catholique. Il bannissait les danses rituelles héritées des tribus environnantes et du vaudou, traquait toute personne susceptible de se procurer des ingrédients entrant dans la composition de potions ou de drogues, confisquait les poupées qui ressemblaient étrangement à celles utilisées par les adeptes du vaudou. Les portes se fermaient bientôt à son passage, le nombre de ses fidèles se réduisait au fil de ses interventions. Il fut bientôt convoqué par le conseil municipal et fut renvoyé.

De retour en Espagne après une escale obligatoire à Cuba, il lui fut intimé l'ordre de revenir prendre en charge cette communauté pour le moins récalcitrante aux règles imposées et défiant les canons de la normalité. C'est ce qu'il fit en 1783, quatre ans plus tard. Après de multiples impairs qui lui occasionnèrent honte et isolement, il voulut comprendre les raisons de son échec, s'ouvrit aux autres et trouva une nouvelle inspiration auprès d'une communauté compatissante.

Il repartit sur le bon pied, attentif aux notes laissées par son prédécesseur, l'irremplaçable Père Dagobert. Le frère Antonio de Sedella cessa d'être le fervent adepte de la politique extrémiste de l'Église espagnole et au cours des années qui suivirent il devint le bien aimé père Antoine pour la population de la ville, le prêtre de l'église Saint Louis. Il trouva le droit chemin en se concentrant sur son ministère avec toute la vigueur de son cœur régénéré et de son âme élevée dans une nouvelle spiritualité. Il se distingua alors comme un leader de premier ordre dans les affaires de la ville, un prieur insatiable, un conseiller attentif, un éducateur hors pair. Confident et père spirituel de nombreuses personnalités locales comme Delphine Macarty et Aimée Bruslé, il baptisa Marie Laveau, célébra son mariage, et travailla de concert avec elle pour aider les plus démunis, les prisonniers et les esclaves. Ensemble, ils œuvrèrent d'arrache-pied à faire libérer les femmes de couleur et leurs enfants.

16. Le père Antoine à 74 ans (1748-1828). Peinture d'Edmund Brewster datant de 1822.

Il n'y avait pas un jour qu'il ne rendit visite aux malades. Personne n'était vu arpentant les rues de la ville aussi fréquemment que lui. Sa silhouette élancée, sa barbe blanchie par les ans et ses sandales de cuir étaient connues de tous. Qu'il pleuve ou qu'il vente, il était constamment en mouvement, en mission de charité chez les catholiques du Vieux Carré ou chez les protestants du faubourg américain, de l'autre côté de Canal Street. Pour le père Antoine, un malade était devenu un ami, un voisin, ou, tout simplement, un paroissien en peine, peu importait sa religion. On se félicitait de son incroyable endurance à chaque nouvelle épidémie de fièvre jaune ou de malaria qui décimait la ville. Il ne comptait pas ses heures, et manquait souvent de repos pour soulager les souffrances des victimes et les peines des familles en deuil, administrant les derniers sacrements, officiant sans répit à chaque enterrement qui se succédait à un rythme effréné. On pensait même qu'il ne prenait pas le temps de s'alimenter correctement. Personne ne le voyait rentrer chez lui ou manger quelque chose durant ses longues heures de dévouement tant que l'épidémie n'était pas enraillée. Certains murmuraient qu'il se nourrissait miraculeusement de cette peste comme d'une manne prolifique à mesure qu'il respirait l'air vicié que son corps semblait muter en éléments régénérateurs.

Il baptisa donc une multitude d'enfants, dont Marie Laveau et ses enfants, célébra son mariage et, avec son aide, soulagea la condition des plus démunis, des prisonniers et des esclaves de la ville. Il baptisa et célébra le mariage de Marie Aimée Bruslé, la mère d'un enfant prodige qui devint le premier grand compositeur américain, Louis Moreau Gottschalk. L'esprit torturé d'Aimée hanterait aussi les alcôves obscures de la cathédrale.

Adulé des pauvres, il fut le pasteur de l'église de 1785 à 1790 puis de 1795 jusqu'à sa mort en 1829, âgé de 81 ans. Il vivait au 837 de la rue Orléans, dans une cabane de bois qu'il avait bâtie de ses propres mains, deux rues derrière les jardins de l'église. Sur le petit lopin de terre qu'il maintenait soigneusement devant son modeste logis, il avait planté un dattier. Vers 1828, l'arbre était devenu si grand et large qu'il procurait pendant les grandes chaleurs une ombre salutaire au vieux moine capucin devenu octogénaire. Il aimait à s'assoir sur un tabouret devant sa porte alors qu'il tendait l'oreille aux récits et aux plaintes de ses paroissiens. Il n'avait de cesse de s'occuper des plus pauvres, de rendre visite aux prisonniers et de militer en faveur de l'émancipation des esclaves. Il œuvrait à faire libérer les femmes de couleur ainsi que leurs enfants. Il prenait tant de précaution à veiller à ce que son dattier ne souffre pas trop des conditions extrêmes qui pouvaient surgir à l'occasion d'une tempête, d'un ouragan, d'une inondation ou d'un incendie, que l'arbre semblait le récompenser par une abondance de fruits qu'il aimait à partager avec les enfants et les plus démunis. Il y était si attaché qu'il avait même stipulé dans ses dernières volontés que quiconque faisant du mal à son arbre bien aimé en subirait les conséquences au risque de perdre leur terre pour n'avoir pas su s'en occuper. Mais alors que le dattier se fortifiait, le moine s'affaiblissait. Le développement de la communauté avait maintenant réduit le petit jardin en une cour entourée de nouvelles constructions au milieu de laquelle le dattier continuait sa croissance sans que l'on sache comment il allait survivre à cet enfermement.

Avec les nouvelles familles qui s'installaient, le père Antoine fut courtisé inlassablement par les investisseurs et les spéculateurs qui espéraient acheter sa propriété pour en faire deux ou trois parcelles susceptibles de rapporter beaucoup d'argent. Mais il répondait toujours avec un rire amusé, refusant de la main les largesses qui lui étaient proposées, ignorant le pont d'or qu'ils tentaient de bâtir sur le seuil de la porte de sa vieille hutte en ruine. L'âge avait finalement eu raison de sa vitalité légendaire et ses déplacements perdaient de leur assurance d'antan. Mais il pouvait toujours s'assoir sous le dattier sur le banc de bois qu'on lui avait offert en remplacement du sien que les intempéries et l'usure avait rendu dangereux. Un livre qui fut publié en 1873 par Thomas Aldrich et intitulé *Père Antoine date palm* (*Le dattier du père Antoine*) contient un dessin de l'arbre datant de 1841. Une photo de 1885 révèle que son dernier propriétaire semblait s'en occuper en dépit du fait que le dattier était à présent trop vieux pour produire les fruits qui avaient régalé tout le voisinage plusieurs générations durant.

17. Dessin du dattier du père Antoine en 1841.

Le père Antoine vécut une vie simple, loin du superflu et des sirènes de la gloire. Il est enterré dans la cathédrale et son portrait ornait il y a encore peu de temps le vestibule : grand, mince, les yeux bruns, la barbe blanche, dans sa robe de bure, portant les habituelles sandales de cuir. A l'annonce de sa mort, les fidèles, convaincus au plus profond de leur cœur que le père Antoine était un saint, démontèrent la cabane sur la rue Orléans. Même le plus petit morceau de bois fut emporté pour être préservé comme une sainte relique.

Durant trois jours, son corps fut placé dans le presbytère afin que la population soit en mesure de venir lui rendre un dernier hommage. Le jour de ses funérailles, le canon fut tiré pour annoncer le démarrage des cérémonies. Quatre jeunes hommes portaient le cercueil sur l'épaule quand huit de ses amis l'accompagnaient de part et d'autre, le bras tendu en direction du corps et leur main placée sous le fond pour accompagner les porteurs. Les histoires sur lui abondent et son souvenir perdure encore aujourd'hui alors que des témoignages font état de sa présence dans cette ville qu'il aimait tant et qui le lui rendait si bien. Ce qu'il advint du fameux dattier que la légende parait de pouvoirs miraculeux, rares sont ceux qui en ont conservé le souvenir aujourd'hui, et les circonstances de ses derniers instants se sont perdues dans les limbes de l'Histoire.

L'allée à droite de l'église porte le nom du père Antoine pour la simple et bonne raison qu'il y a été fait report de rencontres surnaturelles avec un moine marchant lentement le long de la cathédrale. Ces apparitions se sont souvent produites au petit matin, lorsque le quartier est encore engourdi de fatigue et presque désert, un de ces moments de solitude rare dans le quartier, un moment pour le moins propice à la méditation. D'autres l'ont surpris déambulant une après-midi fraîche d'hiver avant de disparaître avec la brume pâle de janvier. Mais chaque fois, c'est penché studieusement sur son bréviaire, son recueil de prières, qu'il était surpris l'espace d'un instant, délivrant aux témoins décontenancés par cette furtive apparition un étrange sentiment de bien-être, une douce sensation confortable, un élan brusque d'apaisement, peu importe ce que avait pu être les activités de la veille ou de la nuit !...

Pourtant, il n'y a pas si longtemps que cela, la cousine d'une commerçante de la rue Royal eut une expérience pour le moins différente des manifestations habituelles. Elle était en retard à sa pause du midi et se pressait d'aller s'acheter un encas pour son déjeuner. Trottant sur des hauts talons, elle prit le raccourci de l'allée pour gagner un peu de temps. Il venait de pleuvoir et le pavé était glissant. Elle dérapa et se voyait déjà heurter la pierre froide et détrempée quand elle se sentit retenue de basculer vers l'avant. La présence éphémère d'un moine dans une robe sombre l'avait soutenue. Elle accrocha les détails de son visage sévère, de son nez aigu, et de son regard profond et pourtant chaleureux. Elle se redressa, rajusta la jupe de son tailleur et voulut remercier le bon samaritain qui s'était évaporé aussi vite qu'il était apparu. Elle ne comprenait pas comment elle avait ce sentiment d'avoir été secourue sans même avoir eu le temps de sentir la pression des mains du moine retenir sa chute, comme si une force l'avait subitement remise sur ses jambes. Mais elle avait la certitude d'avoir entendu en cet instant furtif une voix lui murmurer des mots en français, ou peut-être en espagnol. Troublée, elle n'avait pas la moindre idée de leur signification car ses cours de langues étrangères au lycée remontaient à loin, mais ils lui procurèrent un irrépressible sentiment de paix et de réconfort qu'elle dit n'avoir jamais oublié.

Pendant les messes de minuit pour la célébration de Noël, quelques paroissiens ont déclaré avoir aperçu le père Antoine marcher lentement entre les colonnes. Il était facilement reconnaissable à cause de sa robe de moine capucin contrastant avec la tenue d'apparat de l'évêque et des autres prêtres, et surtout par le fait que sa silhouette avait tendance à se dissiper à mesure qu'il s'enfonçait dans l'ombre. Peut-être qu'il n'appréciait pas une messe célébrée en anglais, lui qui les avait prodiguées de si nombreuses années en Latin…

Des fervents fidèles de la messe célébrée dans la cathédrale ont rapporté des témoignages troublants sur une silhouette fantomatique facilement identifiable par le portrait de 1822 accroché dans le vestibule. Cette peinture qui le représente de pied en cap, a rejoint il y a quelques années de cela la galerie de portraits du musée voisin. Toujours est-il que le moine continuait d'être aperçu en train de déambuler lentement à gauche de l'autel central. Certains le voyaient même porter un cierge blanc. D'autres disaient l'avoir identifié dans l'enceinte réservée à la chorale.

Chacun sait que le père Antoine appréciait particulièrement d'assister aux répétitions et aux performances données par la chorale des enfants de cœur. Il était alors vu assis tranquillement dans une rangée vide faisant face à l'autel. Il semblait se balancer légèrement aux intonations mélodiques de ces voix angéliques, pensant sans doute à son dattier qui n'était plus, lui aussi, longtemps après la disparition de son propriétaire, qu'un vague et lointain souvenir …

Le clocher hanté

La tour centrale de la troisième édition de l'église Saint Louis fut dessinée par l'Anglais Benjamin Latrobe qui fut commissionné par le diocèse en 1819. Ses ancêtres étaient des français huguenots qui s'étaient installés en Irlande à la fin du 17ème siècle. Il débarqua en Virginie en 1796 pour travailler sur le projet de construction du pénitencier d'état de Richmond. Ensuite, il s'installa à Philadelphie où il ouvrit un bureau d'architecte. Après quatorze ans à tracer les plans d'édifices publics à Washington, il passa le reste de son existence à la Nouvelle-Orléans. Il est connu dans son domaine comme « le père de l'architecture américaine ».

18. Benjamin Henry Boneval Latrobe
(1764-1820)

Latrobe est connu pour avoir été l'architecte de la maison blanche et du capitole, introduisant ainsi le style néoclassique grecque comme le style officiel de l'architecture américaine nationale. Il fit construire la cathédrale de Baltimore, la première cathédrale catholique romaine en Amérique et aussi la première église voûtée.

Durant la construction du clocher, le conseil municipal chargea un horloger local, Jean Delachaux, de lui procurer une horloge appropriée qui serait placée en façade. Delachaux se rendit à Paris où il acheta une magnifique cloche de bronze dans la fonderie qui jadis avait fourni les cloches de Notre-Dame. Delachaux retourna à la Nouvelle-Orléans avec cette cloche et une horloge suisse. Les préparatifs de l'installation débutèrent aussitôt. Latrobe écrivit dans son journal :

« Lorsque la cloche fut prête à être montée dans le clocher, j'écrivis au père Antoine une lettre en latin afin de lui faire part des dispositions. Après une grand messe, le prêtre organisa une procession pour la cloche qu'il baptisa Victoire ».

Latrobe fut atteint de la fièvre jaune et décéda à la Nouvelle-Orléans le 3 septembre 1820 avant l'achèvement du clocher. Mais la cloche résonna à ses funérailles. Peu de temps après le décès de Latrobe, plusieurs témoignages firent état de bruits anormaux et de soupirs émanant du clocher. Les ouvriers mettaient la touche finale à la construction si chère au défunt mais insistaient pour travailler en doublette. Ils refusaient de s'y rendre seul même pour quelques instants. Beaucoup affirmèrent aussi qu'à l'occasion de certains jours privés de vent, la cloche se mettait à émettre des tintements étouffés aux sonorités tristes et affaiblies comme pour perpétuer les ultimes regrets de celui qui n'avait pas eu la chance de profiter de sa musique. Le déplacement étrange d'objets anodins comme des seaux de peinture d'un endroit à un autre, d'échelles qui changeaient de place lorsque personne ne prêtait attention, des sons difficilement identifiables, contribuèrent à jeter sur d'autres ouvriers un sentiment d'effroi.

Même l'horloger Delachaux dont le travail consistait à harmoniser le carillon du clocher, remarqua une étrange atmosphère dans le clocher après la disparition de Latrobe. Il était convaincu que l'esprit de l'architecte se manifestait à l'intérieur de la structure en certaines occasions. Delachaux mourut quelques années après.

Aujourd'hui encore, certains disent qu'il n'est pas rare de deviner la présence d'un homme dans des vêtements élégants de la première moitié du 19ème siècle. Il se manifesterait ainsi à des heures différentes de la journée, mais à chaque fois que retentit la cloche. D'autres l'auraient aperçu se tenir généralement dans la nef centrale, serrant comme il avait l'habitude de le faire de son vivant, la montre suisse sortie de son gousset, comme s'il vérifiait sa synchronisation avec la cloche. Quand le carillon cessait, l'ombre glissait sa montre dans sa poche avant de s'évanouir aussi discrètement qu'elle était apparue.

La tour Latrobe s'effondra quelque temps plus tard. Une nouvelle fut érigée en 1849. Mais la cloche de Delachaux survécue à ce contretemps. Et on peut toujours y lire l'inscription suivante :

Braves Louisianais, cette cloche dont le nom est Victoire a été fondue en mémoire de la glorieuse journée du 8 Janvier 1815.

Fondue à Paris pour M. Jn. Delachaux de la Nouvelle-Orléans.

En 1964, le Pape Paul VI l'ordonna basilique mineure. Le Pape Jean-Paul II vint y célébrer une messe en 1987.

Il pourrait paraître étrange et surprenant que ce lieu consacré à l'exercice de la foi ne figure pas au nombre des lieux empreints de mystères. D'ailleurs, comment ce sanctuaire de la spiritualité et des hommages rendus aux disparus depuis trois cents ans ne serait pas l'antichambre de manifestations inexpliquées ?

La curieuse affaire Jourdan

En 1718, après que la Nouvelle-Orléans fut fondée, un canadien français du nom de Claude Trépagnier reçut un lopin de terre situé aujourd'hui au coin de la rue Chartres et de Sainte Anne. Il était ainsi récompensé de son assistance dans l'expédition des frères Lemoyne visant à développer un port plus en amont du fleuve à l'abri des tempêtes et des marées dévastatrices. Il se bâtit un petit cottage qui devint très rapidement une propriété convoitée étant donné sa contigüité avec ce qui deviendra la place d'armes en 1721. Plus tard, le logement servit aux esclaves fraîchement débarqués avant que la propriété ne soit mise aux enchères. La maison devint par la suite le lieu où des domestiques passaient la nuit en attendant de retourner chez leurs maîtres respectifs pendant leurs longues journées de travail. Vers 1745, Jean Baptiste Destrehan, Trésorier du roi pour la colonie de Louisiane, acheta cette propriété qu'il fit abattre pour y construire une demeure digne de son rang et de sa fortune. Après sa mort en 1765, son fils en hérita, mais quand l'argent vint à manquer, il la mit aux enchères.

En 1776, Pierre Philippe de Marigny devint le nouveau propriétaire de cette demeure qu'il utilisait comme pied-à-terre lorsqu'il venait en ville. Il confiait alors la bonne marche de sa plantation aux mains de son intendant, une plantation qui est aujourd'hui le site de l'immense usine Domino connue dans tout le pays pour la fabrique du sucre. Logé entre le Vieux Carré et le quartier de Bywater, un secteur de la ville porte toujours son nom, le faubourg Marigny. Le 21 mars 1788, le grand incendie du vendredi saint détruisit 850 habitations sur les 1100 que comptait à présent la ville. L'église, le Cabildo, les baraquements de l'armée, l'armurerie, la prison furent la proie des flammes et une partie de la demeure de Marigny fut sévèrement endommagée.

Pendant la dizaine d'années à venir, le gouvernement espagnol encouragea la reconstruction de la ville en imposant de nouvelles règles de construction. La brique devait remplacer le bois dans les structures, les cours et les dépendances. Les balustrades seraient à présent en fer forgé et les maisons seraient également séparées par une allée coupe-feu devant contribuer à ralentir la propagation des incendies. Une nouvelle église fut érigée. Un nouveau presbytère et un bâtiment municipal flambant neuf furent construits autour de la place d'armes alors que Pierre Antoine Jourdan fit l'acquisition de l'ancienne propriété de Marigny qui avait besoin d'argent pour payer ses dettes de jeu[1].

Jourdan rendit à la maison son prestige d'avant le grand incendie. Sa demeure devint son inestimable bijou et il ne tarissait pas d'éloges sur les joies que lui procurait sa propriété. Mais à l'instar de Marigny, le playboy de l'époque, Jourdan ne put jamais tarir sa soif du jeu si bien qu'un jour il misa et perdit sa maison tant adorée au cours d'une tragique partie de poker qui eut lieu en 1814. Dévasté par la perte de sa maison qu'il tenta en vain de récupérer, il fit le choix funeste de ne pas l'abandonner avant que lui fut donné l'injonction de quitter les lieux pour laisser aux nouveaux propriétaires le soin de

---

[1] Son fils Bernard marchera dans les pas de son père. Il accumulera des dettes et dilapidera sa fortune aux bras de ses nombreuses conquêtes féminines au grand dam de son épouse. Il était connu pour dépenser des sommes considérables en cadeaux et en alcool qu'il consommait à outrance.

débuter leur installation. La chance dont il ne cessait de se vanter à qui voulait l'entendre, avait fini pas tourner à son désavantage. Il se suicida à l'étage, là où se trouvait le quartier réservé aux esclaves de la maison, là exactement où se tenaient encore il y a peu d'années les séances de spiritisme. Son acharnement au jeu avait pris le dessus sur l'amour qu'il portait à sa maison. Il ne put supporter cette trahison et préféra se pendre.

19. Le restaurant se situe à l'angle de la rue Sainte Anne et de Chartres.

Aujourd'hui encore, le personnel du restaurant est convaincu que Pierre Jourdan hante toujours les lieux. Il occuperait plus particulièrement l'étage et les salons où il passait beaucoup de son temps libre. Des objets auraient ainsi changé de place contre toute attente et des étincelles de lumière vacillante auraient été maintes fois notées dans les miroirs, les verres, les couverts et dans tout objet susceptible de refléter un éclat sans que les rayons du soleil soient à l'origine de ces effets lumineux pour le moins étranges.

20. La table dressée à l'intention de M. Jourdan.

Des enquêtes et des études ont bien sûr été menées sur place. Les rapports font état d'incidents restant à ce jour inexpliqués. Toujours est-il que pour honorer cette présence assumée par le personnel du restaurant, il fut décidé par les propriétaires de maintenir une table spécialement dressée à l'intention de monsieur Jourdan, un bon verre de vin rouge et du pain frais attendant peut-être son retour...

Ennemis intimes

En 1795, la Nouvelle-Orléans était ceinturée de remparts dont les portes fermaient à 9 heures le soir. Au-delà des murs et des plantations environnantes, il n'y avait rien d'autre que des marais, des marécages et une profusion d'étendues d'eau, de bayous et de lacs. L'ensemble de ce paysage sauvage envahi par une faune incitait la population à rester à proximité de la ville ou des villages voisins. La même année, un canal de drainage était creusé pour tenter de domestiquer ces eaux qui avaient une fâcheuse tendance à se ruer dans les rues de la ville au moindre orage subtropical. Au printemps, les habitants ne rechignaient pas à venir s'y baigner, sachant qu'en été, le canal tournait souvent en un long couloir boueux asséché par la chaleur.

La place d'armes n'avait pas à l'époque le charme d'aujourd'hui. Un gibet de bois se trouvait là où trône fièrement la statue équestre d'Andrew Jackson. Le bourreau de la ville, payé 15 pesos le mois, demandait régulièrement une augmentation de salaire lorsque les exécutions se multipliaient à un rythme anormal et que les aléas de l'économie poussaient certains à la criminalité. Deux piloris étaient placés non loin de la cathédrale afin de permettre aux maîtres de punir leurs esclaves en place publique quand le besoin s'en faisait sentir. Entre les quais du port et les remparts, près de six mille personnes s'y bousculaient au milieu d'un millier d'habitations et d'édifices publics. Les détritus tendaient à s'accumuler dans les ruelles les moins fréquentées ou là où le vent s'ingéniait à les pousser. Les caniveaux et les écoulements des eaux sales s'asséchaient rarement, ce qui ajoutait une odeur particulièrement reconnaissable toute l'année que chacun semblait avoir assimilé au point que seuls les visiteurs en faisaient à présent la remarque.

Cochons, chiens, rats, vaches, chèvres, mules et chevaux abandonnaient derrière eux leurs déjections que l'on pensait quelquefois à nettoyer lorsqu'elles gênaient l'entrée d'un commerce, d'un bâtiment officiel ou d'une entrée de la demeure d'un riche notable. L'absence de commodités et de canalisations dans les maisons forçait chacun à vider leurs pots de chambre dans la rue, généralement à une heure avancée de la nuit afin d'éviter d'asperger un passant et d'incommoder un voisin estimé. Quand l'occasion se présentait ou qu'il n'y avait pas d'autre option plus discrète, certains se soulageaient à l'angle d'une rue, pris d'une soudaine colique, contaminés par une nourriture qui avait trop fermenté à cause de l'humidité et de la chaleur. Les risques encourus de marcher dans la boue, ou pire, dans ce qu'animaux et humains laissaient après s'être acquittés d'un besoin naturel, rendaient les sorties nocturnes pour le moins périlleuses. De toute manière, il était plus que recommandé de marcher sur les trottoirs de planches surélevés et se faire précéder par un porteur de lanterne.

Finalement, l'urgence imposa à Andres Almonester y Rojas de subventionner en 1796 l'installation de 80 réverbères. Ce fut une amélioration très appréciable bien que localisée. On pouvait à présent faire dix pas autour de ces faibles halos lumineux sans craindre de piétiner une matière organique qui se collait sous la semelle en vous agressant les narines. Au-delà, les rues restaient dans l'obscurité tant appréciée des cafards, des blattes, des rats et autres rongeurs locaux, mais aussi des serpents qui s'invitaient régulièrement à la nuit tombée. Il n'était pas rare non plus de voir un alligator se frayer un passage à travers le réseau des fossés et du système de drainage en surface depuis le milieu naturel de cet imposant amphibien. Mais la pire des nuisances restait cet envahisseur du soir, presque invisible à l'œil et sensible à la peau une fois la ponction effectuée dans votre sang,... le moustique.

Une armada de ces charmants insectes se ruait dans les rues et s'insinuait partout où était pratiquée une ouverture aussi petite soit elle. La moustiquaire de lit faisait donc partie de l'apanage local au même titre que la tapette ou votre rapidité à réagir au son révélateur de son approche insidieuse. Ils restaient à cette époque et pour longtemps encore, les véritables maîtres de la Louisiane. Personne ne savait à l'époque que les moustiques véhiculaient la fièvre jaune et se propageaient dans les eaux stagnantes. De toute manière, le taux de mortalité était affreusement élevé, le nombre de maladies étant plus grand que n'importe où ailleurs sur le continent nord-américain. À ce fléau venaient se greffer d'autres calamités comme la grippe, le choléra, la dysenterie, la tuberculose, la variole, ou toute autre contagion connue sous ce type de climat. Par conséquent, il n'y avait rien de plus naturel que de rencontrer plus de malades que de gens bien portants.

21. Gouverneur espagnol Estéban Rodriguez Miro (1744-1795), ami des Almonester.

Dès 1787, le gouverneur Miro avait imposé des quarantaines. Il recommandait de multiplier les purges et l'absorption d'énormes quantités de quinine. Cela avait aussi pour conséquences de générer des effets secondaires comme des douleurs aux tempes et aux mâchoires, des tremblements, le gonflement des gencives, une extrême faiblesse des membres inférieurs. Les remèdes à la mode, quand se développait une épidémie de fièvre jaune, était de prendre un bon thé aux herbes, de la crème de tartre, du vinaigre, des bains froids, du camphre et de se conformer à un régime sévère, ce qui ne faisait somme toute qu'allonger la liste des victimes. Le traitement le plus dangereux était celui qui préconisait la consommation de mercure qui provoquait une abondante salivation. Trois compagnies d'un régiment français succombèrent en 1812, non pas sous le feu de l'ennemi britannique mais par l'usage aberrant de doses de mercure beaucoup trop importantes.

Les différentes communautés que formait la Nouvelle-Orléans à la fin du 18ème siècle étaient pour le moins diverses et disparates. À l'exception de quelques raids et vols anodins provoqués par une famine ou quelques relations de voisinage ayant dégénérées, la coexistence avec les tribus indiennes locales se passait plutôt bien. À tour de rôle, les gouverneurs s'efforçaient de forger des alliances avec elles pour un meilleur contrôle des territoires non fortifiés. Ainsi, Gilbert Antoine de Saint Maxent était chargé par le gouverneur Galvez de négociations avec les tribus et même de les approvisionner en armes pour aider à la défense de la colonie. La plupart des nations indiennes comme les Choctaws, les Houmas ou les Chitimachas venaient sur les marchés pour y vendre les produits de leur pêche et de leur chasse, mais aussi des paniers, du bois et tout autre article qu'ils étaient autorisés à apporter en ville.

Les gens de couleur libre constituaient une autre partie non négligeable de la population. La plupart d'entre eux, sur les deux mille recensés dans la région, gravitaient en ville. Ils étaient bien souvent des sangs mêlés, produits de l'union de maîtres blancs avec des filles noires en esclavage. La pénurie de femmes blanches imposait ses infractions aux lois qui évoluèrent sous le coup de la fréquence et d'une réalité qui touchait toutes les classes de la société jusqu'aux instances dirigeantes. Libérés des entraves de l'esclavage qui était la condition de leur mère en général, ces gens de couleur libres trouvaient souvent du travail comme marchande, coiffeuse, nourrice, gouvernante, artisan, domestique, tailleur, charpentier, cordonnier, bourrelier, maçon, forgeron, et même soldat et vendeur d'esclaves. Bien sûr, pour leur éviter d'être pris pour un esclave ou pire encore un fuyard, il leur était imposé de ne pas sortir à la nuit tombée et d'avoir sur eux en permanence leur certificat d'émancipation.

Avec un gouvernement espagnol en charge de la Louisiane, des citoyens de la péninsule ibérique vinrent tenter leur chance dans cette partie du monde encore très peu développée. Ce fut notamment le cas pour un natif de Séville, né en 1728, Andrés Almonester y Roxas. Il avait grandi dans des conditions proches de la pauvreté en l'absence d'une mère décédée quand il n'avait encore que 9 ans. Son père lui laissa suffisamment d'argent à sa mort pour lui permettre d'accéder à une éducation qui lui ouvrit les portes de Madrid. Grâce à quelques relations bien placées, il parvint à faire son chemin jusqu'à la cour du roi. En 1760, à l'âge de 32 ans, il fut nommé notaire royal auprès du roi Charles III et connut la transformation de la capitale espagnole d'un bourbier nauséabond en une ville digne d'un souverain. Andrés épousa Maria Martinez et commença à s'intéresser à l'immobilier. Nul ne s'explique pourquoi il fut amené à quitter son pays pour le Nouveau Monde en 1769, d'autant qu'à 41 ans, il avait déjà passé depuis longtemps l'âge de se lancer dans de telles expéditions lointaines et périlleuses. Il est possible que la disparition prématurée de son épouse en 1754 alors qu'elle n'avait que 24 ans, ait contribué à ce départ.

Il n'y avait rien de plus difficile que d'arriver en terre inconnue et de se faire un nom dans une société établie depuis un grand nombre d'années. La difficulté s'accroissait d'autant lorsque la population fonctionnait sur les bases d'une culture étrangère à celle du nouveau venu. Toujours est-il que les fonctions d'Almonester lui permirent très vite de maîtriser tous les rouages des institutions sociopolitiques de la Nouvelle-Orléans. Il parvint à se faire un nombre incalculable de relations au plus haut niveau de l'échelle sociale. Ses talents lui valurent des rétributions conséquentes et, comme beaucoup de notaires dans les colonies, de s'acheter du terrain avec ses gains. Sa première propriété fut sans conteste la meilleure de tous les investissements à venir, celle qui allait faire sa grande fortune de même que sa notoriété. Il acheta deux bandes de terre le long de la place d'armes de part et d'autre de l'église et du Cabildo, le siège du gouvernement. En faisant construire des maisons qu'il louait, Andrés bâtit un véritable empire immobilier.

22. Andrés Almonester y Rojas
(1728-1798)

Il sympathisa avec le père Antoine peu de temps après son retour en Louisiane en 1781. Ce dernier baptisa la première fille d'Andrés et fut le parrain de son deuxième enfant, Andréa. En vieillissant, Andrés entra dans une phase philanthropique qui lui ouvrit bien d'autres portes dans les arcanes du pouvoir et de la reconnaissance publique. Il entreprit de rénover l'hôpital de la Charité qui, jusqu'à présent, était maintenu par de maigres subventions. Les ouragans de 1778 et de 1779 détruisirent une grande partie de l'institution créée par les Français en 1737. Almonester offrit de le reconstruire et de le maintenir en état à ses propres frais. Après d'innombrables négociations, d'autorisations et à force de persuasion, l'hôpital rouvrit sur la rue Saint Charles en 1785. Le bâtiment était maintenant doté de quatre salles, d'une église, d'une chapelle, d'un poste de garde, d'un jardin potager et d'un orphelinat. Almonester s'assura que le nouveau directeur de l'hôpital veillât à ce que les instruments et les ustensiles soient désinfectés, que la nourriture servie soit assaisonnée correctement, que les employés prient avec leur rosaire, que la lavande et l'encens soient répandus après que les pots de chambre soient vidés régulièrement, que l'on ne fasse pas dormir dans le même lit deux personnes, même si elles étaient de même parenté, que les lampes soient allumées toutes les nuits, que les chirurgiens et les docteurs visitent leurs patients deux fois par jour.

Quand les rumeurs alarmantes que des lépreux étaient entrés dans la ville et qu'ils pouvaient chercher secours à l'hôpital de la Charité, Andrés Almonester fit construire l'hôpital San Lazaro à leur intention sur les terres d'une ferme qu'il possédait sur l'actuel Bayou Road. Situé à quelques centaines de mètres des remparts de la ville, l'éloignement du site apaisa de manière considérable les esprits inquiets. Il dota la même année une toute nouvelle chapelle pour les ursulines à la demande de son ami, le père Antoine. Il en profita pour faire quelques rénovations au couvent des nonnes et fit ajouter une salle de classe à leur école.

Depuis le décès de son épouse en 1754, il vivait seul avec son secrétaire à ses côtés. Son français devait être acceptable car il finit par épouser une créole française le 20 mars 1787. Louise de la Ronde ne parlait pas un traître mot d'espagnol. Elle entrait dans sa 29ème année. Andrés en avait 59. Le couple était servi par 44 esclaves dans leur résidence à l'angle de la place d'armes et de la rue Saint Pierre ou dans sa ferme de Bayou Road.

Andrés fut bientôt nommé au conseil du Cabildo, ce qui lui occasionnait à présent d'avoir des ennemis politiques. Appuyé par le gouverneur lui-même, son pouvoir gênait mais il restait hors d'atteinte de ses ennemis. Il était respecté de tous, toujours courtois et diplomate dans ses débats. Sa réputation et ses alliés hauts placés le firent nommer enseigne du roi, un privilège qui lui permettait de marcher en tête de toutes les manifestations officielles en portant fièrement la bannière royale devant laquelle tous les sujets de sa majesté, aussi éloignés fussent-ils, s'inclinaient avec la plus grande déférence. Lorsque Saint Maxent prit sa retraite, il recommanda Andrés pour le poste de colonel. Almonester se retrouva alors à la tête de cinq compagnies, soit un total de près de 600 hommes. Le grand incendie du 21 mars 1788 lui permit d'apporter de nouvelles contributions spectaculaires à la communauté dévastée par la catastrophe qui réduit en cendres plus de 80% de la ville. Il proposa d'aider financièrement à la reconstruction de l'église Saint Louis pour 114 mille pesos ainsi que le presbytère pour 40 mille et le Cabildo pour 30 mille pesos supplémentaires.

23. Le Cabildo en 1900. Il fut le siège du Conseil Municipal de la ville, mais aussi celui du gouvernement de la colonie de Louisiane au temps où la Nouvelle-Orléans était la capitale. La Cour Suprême de Louisiane y fonctionna de 1868 à 1910. En 1911, l'édifice devint un musée.

Après le départ pour l'Espagne de son ami le gouverneur Estéban Miro qui lui avait servi de bouclier contre ses ennemis, Almonester n'avait plus le vent en poupe. Ceux qui voyaient en lui un concurrent, un obstacle à leur carrière ou tout simplement un gêneur, lui firent de l'ombre en faisant pression auprès du nouveau gouverneur Francisco de Carondelet qui le priva de ses privilèges acquis. Des accusations furent portées contre sa gestion de ses propriétés et de ses soldats. Ses ennemis cherchaient à le discréditer auprès de la cour d'Espagne qui le soutenait sans condition. Andrés fit envoyer un courrier explicite plaidant sa cause auprès de la cour royale à Madrid. Quelques mois plus tard, il présenta à ses détracteurs les édits de Charles IV qui imposaient qu'Almonester soit rétabli dans toutes ses prérogatives. C'était le jour même où naissait sa première fille, Micaela. Le septuagénaire n'avait pas dit son dernier mot, pas plus qu'il n'avait renoncé à ses ardeurs sexuelles. Andréa, la petite sœur de Micaela, vit le jour deux ans plus tard.

Andrés convoitait à présent le rang de brigadier général. Mais sa santé ne lui permit pas d'accéder à ce grade, ni de voir l'achèvement du presbytère et du Cabildo. Il mourut si brutalement le 25 avril 1798 que le père Antoine n'eut même pas le temps de lui administrer les derniers sacrements. En dépit de son testament qui stipulait qu'il soit inhumé derrière l'hôpital de la Charité, son plus grand projet, le roi Charles IV ordonna que sa dépouille fût transférée dans la cathédrale Saint Louis où il repose encore aujourd'hui près de sa fille Andréa emportée par la fièvre jaune à l'âge de quatre ans. Une avenue porte son nom en son honneur.

Micaela ne connut pas son père et n'avait pas vraiment eu conscience de connaître Andréa. Elle n'avait pas encore trois ans lorsqu'Andrés rendit son dernier soupir. Sa petite sœur succomba à la fièvre jaune quand Micaela n'avait que six ans. Elle avait en réalité passé plus de temps en compagnie de sa nourrice et de sa gouvernante qu'avec sa petite sœur. En des temps où la mort pouvait frapper à tout moment, parents et fratrie s'efforçaient de ne pas engager leur affection au-delà du raisonnable. Lorsque le cap fatidique d'une dizaine d'années s'était écoulé, les chances de survie croissaient avec la manifestation d'une plus grande effusion. Quand on pouvait croire à de la distance et de la froideur, il fallait en réalité penser que chacun tenait son cœur sur une prudente réserve de crainte de souffrir à l'annonce d'une disparition imminente, ce qui était le cas dans la plupart des familles.

En grandissant, Micaela hérita de l'énergie et de la passion de son père pour l'immobilier, sa gestion financière et sa promptitude à défendre ses intérêts. Mais elle ne fut pas en reste des traits de sa mère, Louise de la Ronde, veuve de son état, mais qui n'avait rien d'éplorée. Intelligente, éduquée, pleine d'esprit et incomparable dans l'alignement des chiffres, Louise n'éprouvait aucune attirance pour les entreprises de charité comme cela avait pu être le cas pour son époux. À force de démarches officielles auprès des instances compétentes, elle obtint le remboursement des frais engagés par Andrés pour la construction ou la rénovation des édifices publics et religieux. Nul ne pouvait dire si Louison, comme la surnommait tendrement Andrés, éprouvait du chagrin dans les épreuves d'une existence rude et sans concession. Lorsque le père Antoine procéda aux funérailles de sa petite filleule le 9 avril 1802, sa mère afficha une dignité presque distante, révélant un contrôle sans faille de ses émotions même si l'on suppose que la perte d'Andréa, nommée après son père, l'affecta sans commune mesure. Toutefois, l'année suivante elle participa au gala célébrant la repossession de la Louisiane par la France. On la vit alors danser le menuet à l'occasion du bal qui fut organisé à cette occasion. Elle se remaria en 1804 avec Jean-Baptiste Castillon, un négociant criblé de dettes et de sept ans plus jeune qu'elle. Il décéda à son tour le 3 août 1809. Louison n'avait cessé de batailler pour conserver le contrôle de l'hôpital de la Charité, combat finalement perdu devant notaire en 1811 alors que Micaela célébrait ses quinze ans.

Le temps avait passé plus vite qu'elle ne l'aurait espéré. L'âge de sa fille la ramena à la réalité familiale. L'absence d'une image paternelle et celle d'une figure masculine représentative et respectée commençaient à faire défaut. Il lui fallait donc songer à l'avenir de sa fille. L'idée du mariage fit donc son entrée dans le cœur d'une mère qui éprouvait le signal avant-coureur d'une nouvelle rupture. Alors que cette pensée faisait son chemin et qu'elle tissait quelques projets, Louise reçut la proposition de Joseph Delfau de Pontalba d'unir Micaela à son fils bien aimé Célestin, son cousin.

Les Pontalbas vivaient à présent en France et n'avaient pas vu Micaela depuis sa plus tendre enfance. Les événements allaient se précipiter. Bientôt Célestin reçut une permission l'autorisant à s'absenter de son régiment pour gagner la Louisiane. Il quitta la France depuis Bordeaux aux côtés de sa mère affectueusement surnommée Ton-Ton par son époux Joseph. Micaela et Célestin auraient tout juste trois semaines pour faire connaissance. Le délai était court, le programme chargé, mais chacun travaillait à la réussite du projet. L'honneur et la réputation des deux familles étaient en jeu. Rien ne fut laissé au hasard et tout fut prêt le jour venu. Ils furent mariés le 23 octobre 1811 dans la cathédrale Saint Louis sous le regard ému du père Antoine qui s'accoutumait mal à la pensée de voir Micaela épouser un militaire vivant à l'étranger. La cérémonie fut brève et le jeune couple s'installa dans la résidence qui leur avait été préparée. Lorsque Célestin annonça qu'il leur fallait rentrer en France à l'arrivée du prochain navire, Micaela réalisa que sa vie était sur le point de changer d'une manière à laquelle elle n'était pas préparée. En mariant son cousin pour raison familiale elle avait renoncé au jeune homme qu'elle fréquentait avant le mariage. Dans la mesure où il n'avait pas de fortune, ses chances avec lui auraient été anéanties par le veto familial.

Dès l'instant où Micaela avait signé son contrat de mariage, elle perdit le contrôle de sa jeune existence au profit de l'intérêt général, et plus particulièrement de sa mère et de son beau père. Pour la première fois de sa vie, elle allait quitter sa ville natale et son pays pour entreprendre un long voyage sur l'océan avant de mettre le pied sur un continent qu'elle connaissait qu'à travers ses études. La propriété de Mont-l'Évêque se trouvait au nord de Paris, près de Senlis. Le voyage en berline hippomobile prit toute la journée. Micaela était anxieuse en dépit du fait que sa mère l'accompagnait, mais elle ne resterait que pour quelques nuits. Elle avait loué un appartement dans un quartier attrayant de Paris, ne souhaitant pas donner l'impression qu'elle avait l'intention d'imposer sa présence chez les Pontalbas. Non seulement c'était la première fois que Micaela voyageait à l'étranger, mais c'était aussi la première fois qu'elle aurait à se comporter en femme et non plus en fille. Qu'elle ne fut pas sa surprise lorsqu'en descendant de la berline noire tirée par deux chevaux de la même couleur, une quarantaine de domestiques étaient alignés devant l'entrée principale du château des Pontalbas. À son passage, ils s'inclinèrent sans réaliser que les yeux de Micaela étaient vrillés sur l'énorme demeure.

Le majordome accueillit les voyageurs, et pendant que mère et fille se reposaient du voyage, une corbeille de fruits, des rafraîchissements, des fleurs et des cadeaux furent apportés. La mère de Célestin orchestrait l'ensemble des opérations, mais le maître des lieux resta invisible jusqu'au dîner. L'heure venue, Micaela fut introduite dans le bureau privé de Joseph Delfau qui lui donna l'accolade en la félicitant. Lorsqu'elle souhaita le remercier, il leva une main pour lui signifier qu'il n'avait pas fini de parler et qu'elle devait pour le moment continuer de se taire. Après quelques questions banales sur le voyage et ses premières impressions de la France et du château, Pontalba évoqua le sujet qui le préoccupait avant tout : la dote de mariage. Sa déception fut à l'égal de sa contrariété lorsque Micaela révéla qu'elle ne s'élevait qu'à 40 mille dollars. Étant au fait des biens et de la fortune des Almonester, l'ancien militaire de carrière se montra beaucoup plus distant et en fera grief aux Almonester jusqu'à sa mort. En fait, la dote en espèces fut complétée par les bijoux portés par Micaela, et la garantie à la famille Pontalba qu'une substantielle partie des gains des ventes de propriétés et ceux des locations seraient également versées au compte de la dote de mariage, ce qui s'évaluait à un total de 130 mille dollars, soient 650 mille francs. Mais Joseph Delfau savait pertinemment que les revenus des Almonester étaient bien supérieurs. Il avait espéré mettre la main sur l'ensemble du capital et non sur ce que Louison Castillon consentait à lui octroyer.

Naturellement, les choses s'envenimèrent à mesure que les tentatives de Pontalba pour le contrôle de la fortune des Almonester lui échappait et que Micaela réalisait toutes les implications d'un mariage arrangé aux dépens de son bien être, de l'équilibre de son mariage et du respect de sa personne.

24. Micaela à 17 ans

25. Célestin de Pontalba en 1830

Micaela avait à présent 17 ans mais conservait toute sa confiance en Célestin qui lui faisait signer tout ce qu'il voulait, ou plutôt, tout ce que son père lui demandait de lui faire signer. En 1813, il avait achevé son service militaire et pouvait à présent user de son influence pour obtenir ce que son père exigeait depuis près de deux ans. Micaela donna procuration à Célestin qui avait maintenant toute autorité de gérer ses biens en Louisiane et à Paris. Cette signature permit à Joseph Delfau de poursuivre en justice Louison Castillon pour la destituer de ses droits sur l'héritage de son précédent époux, Don Andrés Almonester. Il ne restait plus qu'à attendre que la mère de Micaela meurt pour s'emparer de l'héritage en entier. Micaela était, quant à elle, préoccupée par sa première grossesse. Elle le fut d'autant plus qu'elle perdit son enfant quelques mois après sa naissance, ce qui l'éloignait des batailles juridiques et financières qui se déroulaient en marge des peines qui l'assaillaient, ignorante des ombres qui s'acharnaient à l'éloigner de sa mère et des offensives mesquines qui pleuvaient autour d'elle. En 1814, alors que Micaela attendait un second enfant, sa mère avait renoncé à ses propriétés de Louisiane passées sous la houlette des Pontalba. Elle se consacrait à présent à ses biens parisiens et s'installa place Vendôme. En 1815, Micaela donna naissance à Célestin.

Il est difficile de comprendre pourquoi Joseph Delfau tenait tant à s'accaparer la fortune des Almonester. Sa propre situation financière était plutôt confortable. Il avait accumulé diverses rentes reçues de par les campagnes militaires qu'il avait menées dès l'aube de sa carrière. En y ajoutant les revenus reçus pour bons et loyaux services pendant la Révolution et la période impériale, il pouvait prétendre à une retraite dorée. Il avait aussi reçu le titre de baron, honneur accordé par Napoléon en 1810. Pour y prétendre, il lui fallait entrer en possession d'un domaine digne de ce rang, quitte à s'endetter lourdement. Il avait vendu deux de ses propriétés à Paris pour s'acheter le domaine de Migneaux en région parisienne qu'il revendit pour celui de Mont-l'Évêque. L'argent et le profil adéquat ne suffisaient pas à gagner les faveurs de l'Empereur. Il fallait aussi des appuis bien placés dans l'entourage de Napoléon. Des documents révèlent que l'épouse du Maréchal Ney avait appuyé la candidature de son cousin, Joseph Pontalba tout comme elle avait dû obtenir de lui que Célestin devienne son aide-de-camp.

26. L'ancien château des évêques de Senlis avec sa chapelle du 15ème siècle, sont classés monuments historiques par arrêté du 28 juin 1989 : L'histoire du château de Mont-l'Évêque est liée à celle de l'abbaye de la Victoire toute proche, pour la construction de laquelle l'évêque de Senlis, Guérin, avait cédé une partie de son domaine. Les deux domaines sont toujours limitrophes. La famille Delfau de Pontalba est propriétaire du château depuis 1806. À partir de 1840, Célestin de Pontalba fit entièrement remanier les façades du château et de la chapelle lui faisant face dans un style troubadour. Mont-l'Évêque est considéré comme l'un des rares exemples aboutis de ce style romantique. La structure interne reste cependant celle du 16ème siècle. Entre le château et la chapelle se situe un bâtiment des 17ème et 18ème siècles ayant jadis abrité les services administratifs du diocèse. Une partie du domaine de Mont-l'Évêque aménagé en jardin à l'anglaise au 19ème siècle a cédé la place à un paysage bucolique où paissent des moutons. Des bois occupent une grande partie du domaine, arrosé par la Nonette qui forme un lac où nagent des cygnes. La visite extérieure du château est autorisée par le propriétaire.

1818 voit la naissance d'Alfred. En mars 1819, Micaela donne naissance à Micaelle Mathilde, un événement qui aurait pu lui procurer un regain de joie dans sa vie qui s'enlisait. Elle était la fille qu'elle souhaitait avoir. Malheureusement, l'enfant mourut quand elle n'avait encore que deux ans, brisant le cœur de sa mère. Gaston, le cinquième et dernier enfant qu'elle mit au monde, vit le jour en 1821.

Les relations entre la mère de Micaela et Célestin avaient empiré. Louison Castillon de la Ronde rédigea un testament qui léguait tous ses biens à sa fille et à sa fille seulement. Elle était déterminée à évincer les manœuvres de son gendre qu'elle savait manipulé par son père. Seulement, elle n'eut jamais l'occasion de voir sa contre-attaque aboutir.

27. Louise de la Ronde, veuve Almonester et veuve Castillon, la mère de Micaela

Quatre ans plus tard, âgée de 67 ans, la mère de Micaela décéda d'une défaillance cardiaque, chez elle, place Vendôme. Elle constituait le dernier rempart qui protégeait Micaela de la rapacité de Joseph Delfau de Pontalba. À l'ouverture des dernières volontés de Madame Castillon, Célestin se tourna vers Micaela pour lui décocher dans un grincement de dents :

« Nous briserons ce testament, Madame ! Oui, Madame, nous le briserons ! ».

Une nouvelle série de batailles juridiques commença. Motivé par les conseils et les exhortations de son père, Célestin parvint à contrôler une grande partie des biens de Micaela qui voulait à présent reprendre contrôle de ce qui lui avait été confisqué. À force de démarches et de courriers, elle fut informée que la loi américaine lui serait favorable. Il lui fallait retourner en Louisiane pour qu'une cour de justice lui restitue la pleine possession de ses biens hérités de sa famille. Il semble que son avocat parisien omit de lui mentionner qu'elle risquait gros en agissant à l'encontre de la loi française et de son époux, que si elle quittait la France, son mari avait le droit de la forcer à retourner à Mont-l'Évêque.

L'enjeu était trop grand et Micaela était parvenue à un tel point de saturation et d'écœurement qu'elle plaça ses trois enfants en pension. Elle n'avait plus de parents à Paris et n'avait pas revu sa tante de la Nouvelle-Orléans depuis près de vingt ans. Elle fit ses bagages, ferma son appartement à Paris, et sans demander la permission de Célestin, alors qu'elle était de par la loi requise de le signifier, entreprit un voyage de retour vers ses racines...

En 1811, Micaela avait quitté une ville française dans laquelle vivaient des Américains qui étaient considérés comme des étrangers et même des intrus. En 1830, sa ville natale s'était américanisée à l'exception du Vieux Carré. La justice était toujours rendue dans les deux langues et, mise à part le cœur historique de la ville, les francophones étaient devenus la minorité dans les autres quartiers en plein développement. 75 mille personnes y vivaient. Les plantations qui ceinturaient la ville avaient été ralliées à l'agglomération pour être divisées en parcelles et vendues aux nouveaux venus. Un système de drainage des eaux de pluie, du fleuve en cru et des marées remontées du Golfe du Mexique réduisait les inondations qu'avaient toujours connues Micaela dans sa jeunesse. Arrivée le 4 décembre avec deux domestiques, elle s'arrangea pour obtenir dès le lendemain une audience au palais de justice avec la ferme intention de mettre en œuvre la procédure de restitution de ses biens immobiliers. Comme il lui avait été dit à Paris, James Pitot, juge louisianais de son état, ordonna que les propriétés héritées des Almonester soient rendues de plein droit à Micaela. Dans la foulée de son premier succès et de son premier pas vers son indépendance, Micaela voulait maintenant récupérer les propriétés parisiennes et envisageait à présent de se séparer de Célestin pour reprendre le contrôle de sa vie laissée à l'initiative des Pontalba depuis trop longtemps.

Les joutes juridiques s'amplifièrent. Célestin s'efforçait de rendre son épouse coupable d'adultère, réclamait des sommes impayées des rentes qu'il était supposé recevoir, affirmait que la décision du juge Pitot était invalide par le simple fait qu'il n'avait pas été dûment représenté pendant les audiences. Il obtint même en avril 1832 un jugement du tribunal de Senlis trouvant Micaela coupable de désertion et lui ordonnant de revenir à Mont-l'Évêque, ce qu'elle fit au printemps 1832.

Son appartement avait été placé sous scellés. Elle se réfugia alors place Vendôme, dans l'appartement de sa mère, puis consulta un avocat qui lui conseilla de retourner à Mont-l'Évêque au plus tard le 12 juin pour ne pas enfreindre la décision de la cour de Senlis. Ce même jour, elle se présenta donc au château des Pontalba. Son beau-père lui assigna résidence dans le pavillon attenant, isolée dans une seule pièce de la dépendance, accusée d'adultère et de désertion. Elle serait cependant admise à la table des Pontalba mais n'aurait en aucune manière le droit à la parole.

28. Joseph Xavier Delfau de Pontalba. Toute sa vie durant, il fut obsédé par la réussite de son fils et la fortune de Micaela.

Une conspiration du silence fut mise en place pour enfermer Micaela dans des fautes qu'il lui fallait expier. Elle devait passer les longs mois qui allaient suivre à subir ce traitement presque inhumain, s'acharnant à réclamer ses droits, multipliant les altercations avec son beau-père, effondrée devant la faiblesse de Célestin soumis aux volontés implacables de Joseph Delfau qui orchestrait le complot visant à la briser. C'est pendant cette époque de tension extrême que Micaela commença à souffrir de crises d'épilepsie. À l'occasion de ses visites chez le médecin, elle consultait son avocat pour poursuivre des revendications et réclamer le divorce. L'espoir de retrouver sa liberté s'amenuisait au fil des mois. Les avocats avec qui elle prenait rendez-vous, répondaient tous la même chose. Une femme de son rang ne divorce pas. C'était d'ailleurs une chose inconcevable à l'époque pour une femme de demander le divorce.

« Comment ? » s'étonnaient ses avocats avec un sourire compatissant proche de l'ironie, « vous avez tout à perdre dans cette affaire qui vous préoccupe tant, Madame. Vous avez un rang à tenir, des enfants à élever, un avenir à leur assurer, des revenus conséquents… Qu'importe le reste ! L'amour, la fidélité, l'honnêteté, la confiance… ne sont que des points de vue qui vous éloignent de votre destin. Retournez chez vous ! Pensez à vos enfants, oubliez ces tracas qui vous minent la santé. Tout finira par s'apaiser avec le temps. Mais un divorce… Songez qu'il vous faudrait des circonstances exceptionnelles pour prétendre à engager une procédure de la sorte. Non, si vous voulez notre conseil, oubliez tout cela et profitez des avantages que votre fortune vous octroie ! Un jour, tout ceci ne sera qu'un mauvais souvenir. »

Que vouliez-vous que Micaela réponde à ces conseils avisés basés sur la tradition et le « bon sens » ? Elle retourna à Mont-l'Évêque, convaincue qu'elle pourrait faire plier les Pontalba si elle se montrait intransigeante dans ses intentions de reprendre sa liberté. Des décisions de justice lui permirent de passer plus de temps à Paris et de rester loin de Mont-l'Évêque. D'autres lui intimaient de restituer des immeubles à son époux ou de lui verser le fruit des loyers perçus. L'argent commençait à manquer. La justice lui coûtait cher… A Noël 1833, elle écrivait à sa cousine Zoé : « Je suis alitée, souffrant de ces hémorragies qui me minent régulièrement à cause de cette inflammation causée par les tortures auxquelles je suis soumise. Les Pontalba montrent si peu de compassion pour moi. Je viens de recevoir une nouvelle sommation de me rendre à Mont-l'Évêque dans les vingt-quatre heures ».

En 1834, Micaela était en attente de quatre décisions de justice faisant suite aux procès qui se succédaient à un rythme épuisant. Elle était d'autant plus amoindrie que depuis 1827, les Pontalba avaient fait imposer de sévères restrictions sur les contacts entre Micaela et ses trois fils. Quand l'aîné atteignit ses 18 ans, en 1833, il contesta ouvertement l'autorité de son père. Il venait de finir ses études à l'académie militaire. Ses frères, Alfred, 16 ans, et Gaston, 13 ans, suivaient la même voie et œuvraient pour rentrer à Saint-Cyr. Pourtant, la même année, pour des raisons restées obscures, ils fuirent leur école préparatoire et gardèrent leur distance avec leur père pendant des mois. Leur fugue resta sans conséquence. Leur grand-père ne leur témoignait aucun intérêt, pas plus que leur père d'ailleurs. Seul Célestin semblait bénéficier des « faveurs » du grand-père. Mais quand le fils aîné s'installa chez sa mère à Paris, le rejet du grand-père occulta l'affection qu'il aurait pu lui témoigner.

Micaela arriva au village de Mont-l'Évêque le 18 octobre 1834 vers 19h30. Elle confia sa voiture et ses chevaux à Madame de Presle. Elle n'était plus autorisée depuis son retour en France d'avoir une monture, un transport privé ou plusieurs domestiques sur le domaine des Pontalba. Accompagnée seulement de sa femme de chambre et de son cocher, elle se rendit donc à pied au château. À la porte, le cocher fut prié de retourner au village. Micaela devait prendre ses quartiers : une seule pièce lui avait été attribuée par Joseph Delfau dans le pavillon des invités. Il se trouvait que tout le monde y séjournait pendant les travaux de rénovations de la demeure principale. Micaela eut en privé un long entretien avec Célestin alors que le vieux Pontalba était à présent opposé à tout rapprochement de son fils avec celle qui lui causait tant de soucis et de rage. Il ne décolérait plus depuis quelques semaines aux dires des domestiques et de son entourage. Ses querelles répétées avec elle avaient atteint le point de non retour.

Le lendemain matin, 19 octobre, Micaela s'apprêtait à partir pour souhaiter bon voyage à Madame de Miro en visite à Paris et qui était sur le départ. C'est alors que surgit Pontalba dans le salon du château où attendait Micaela l'annonce de l'arrivée de son époux qui s'était proposé de l'accompagner jusqu'au village pour qu'elle y retrouve son cocher et sa berline. À la découverte de cette offre qui lui parut une trahison, Joseph Delfau s'était rué dans son bureau pour se saisir des deux pistolets de duel à double coup qu'il tenait toujours chargés dans leur coffret.

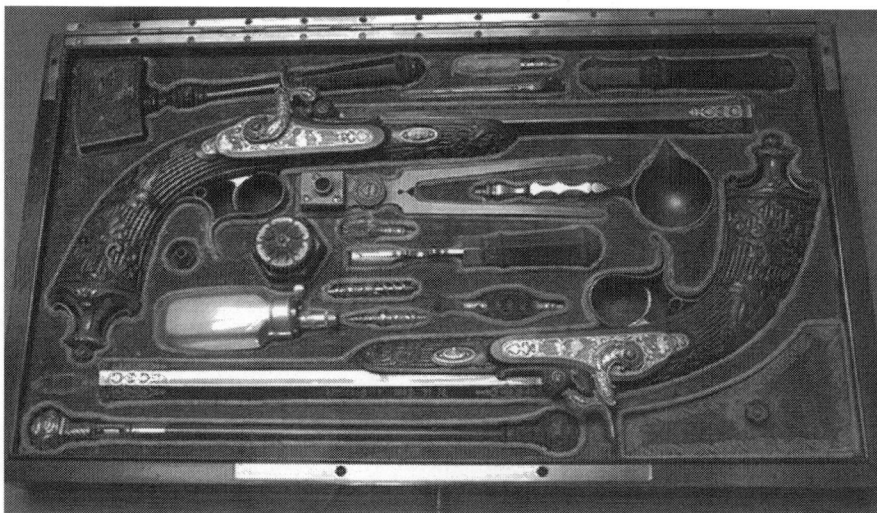

29. Pistolets de duel de l'époque. Platines avant à percussion et chiens gravés de rinceaux, canons octogonaux. Monture en noyer crosses à cannelures. Coffret en acajou à coins en laiton, intérieur en drap vert.

Il les braquait maintenant sur Micaela qui lui jeta un regard défiant. Enflammé, Pontalba articula entre ses dents :

- Ne bougez pas d'ici Madame ou vous êtes morte !
- Que voulez-vous de moi ? demanda Micaela en pensant qu'il allait un peu trop loin dans le théâtral pour obtenir d'elle une nouvelle signature visant à la dépouiller un peu plus de sa fortune personnelle.
- Restez assise, je vous dis, ou vous cesserez à l'instant de respirer.

Micaela reprit son siège, croisa les bras et lui dit calmement en pesant ses mots :

- Très bien, à votre guise. Que voulez-vous ?
- À genoux, Madame !... Vous allez mourir. Je vous concède quelques instants pour dire vos prières.
- Vous n'oserez pas.

Micaela eut à peine le temps de finir ces mots que Pontalba pressa la détente. Une balle lui transperça le sein gauche. Le sang gicla de son côté blessé. Elle se releva pour fuir vers la porte du salon. Joseph Delfau se jeta à sa suite pour lui barrer le passage.

- Cessez, je vous en conjure ! Je vous donnerai tout ce que vous voulez ! implora Micaela dans un élan de panique.
- Non ! Il est trop tard, Madame. Vous allez mourir ! répéta Pontalba en ouvrant à nouveau le feu sur elle.

Une balle destinée à la tête l'atteignit malgré tout à la poitrine après avoir été déviée par la main de Micaela qu'elle avait posé instinctivement sur le canon du pistolet pointé sur elle. La balle lui ôta deux doigts et lui arracha un cri de douleur. Elle reprit sa fuite vers le hall d'entrée du château et Pontalba ouvrit une fois encore le feu en lui coupant la route pour se replacer face à elle. Deux balles l'atteignirent à poitrine. Micaela s'écroula sous le choc, le visage déformé par la souffrance. Sa robe de voyage était maintenant couverte de sang. Son agresseur saisit l'opportunité pour recharger l'un de ses deux pistolets, bien décidé à en finir une fois pour toute avec sa belle-fille qui s'acharnait à ne pas vouloir mourir. Lorsqu'il fut prêt, Pontalba pointa une fois de plus son arme vers Micaela qui luttait pour ne pas s'évanouir. La balle manqua sa cible. Il avait rechargé et visé avec trop de précipitation et le pistolet lui fit défaut. Lui, ancien militaire de carrière aguerri aux maniements des armes, venait de manquer son coup. La rage et l'impatience avaient pris le meilleur de ses capacités quand il lui avait suffi de conserver son sang-froid. Mais Micaela n'était pas un ennemi ordinaire. Elle faisait partie de sa famille, un paramètre de taille qui lui valut de connaître l'échec de sa tentative de meurtre. Le mot résonna dans sa tête comme un signal d'alarme. Il avait suivi Micaela tombée dans les bras de sa femme de chambre qui venait d'arriver en entendant les coups de feu. Souffrant de quatre blessures, elle perdit connaissance. Le rictus de douleur qui lui déformait le visage s'effaça avec son évanouissement. Le sang qui inondait sa poitrine se répandait à présent sur le parquet. Pontalba se pencha au-dessus du corps inerte de sa belle-fille, constata qu'elle respirait encore, regarda ses armes pendant au bout de ses bras, se tint immobile quelques secondes puis retourna dans son bureau. Il s'y enferma le reste de la journée, silencieux aux exhortations de ses gens mais aussi de son fils. Célestin choisit alors de forcer la porte du bureau de son père. Au moment où le battant céda sous les assauts répétés de son épaule, Pontalba venait de réarmer un de ses pistolets et de se tirer une balle dans la tête. Il avait réalisé toute la mesure des conséquences de son acte sur l'honneur familial. Il entrait dans sa quatre-vingtième année et venait de commettre l'irréparable. Laver sa faute avait été sa seule alternative. En disparaissant, il préservait les intérêts de son fils et faisait en sorte que le nom des Pontalba soit toujours digne d'être porté. Il mettait aussi fin à cette obsession dévorante et ce combat aliénant avec Micaela, un combat qui avaient duré 23 ans.

Micaela était plus morte que vivante. Peu de ceux qui l'approchèrent en ces instants tragiques donnaient cher de sa vie. Sur les quatre blessures infligées par balle, deux étaient profondes. Le docteur dépêché depuis Senlis reçut le renfort du médecin personnel de Micaela accompagné par plusieurs de ses collègues. Trois balles étaient toujours logées dans sa poitrine sans avoir atteint les poumons. Sa main gauche avait perdu l'index et le doigt voisin était en piteux état. Si elle ne mourrait pas de la perte excessive de sang, elle n'était pas néanmoins hors de danger. Une infection pouvait se déclarer dans les jours critiques qui allaient suivre. À l'époque, les balles étaient propulsées à une vitesse moindre que celles d'aujourd'hui. En pénétrant, elles emportaient avec elle des morceaux de tissus emmenés au plus profond de la plaie. L'extraction s'avérait dangereuse quand elle était faite avec les doigts ou avec des instruments qui n'avaient peut être pas été parfaitement désinfectés. Une fois les hémorragies stoppées à force de bourres de coton, Micaela fut couchée dans son lit avec une forte fièvre. Son sommeil fut perturbé par plusieurs nuits de douleurs. Il lui fut prescrit de l'opium pour apaiser le feu de ses blessures et l'aider ainsi à bénéficier de quelques heures de sommeil réparateur. Mais après plusieurs jours de soins, les docteurs n'étaient toujours pas optimistes.

La vie de Micaela ne tenait qu'à un fil. Pourtant, une semaine s'écoula et la fièvre tomba. Après trois semaines, en dépit du fait que deux balles n'avaient toujours pas été extraites parce que trop profondes et trop près du cœur, son estomac reprit ses fonctions normales et Micaela demanda à regagner Paris. Rien ne la retenait plus au château, même l'attention que Célestin lui avait témoignée, un peu tardivement, privé à présent des ordres de son défunt père inhumé une quinzaine de jours plus tôt. Pour la première fois depuis des années, elle quittait Mont-l'Évêque en voiture.

Micaela ne revit pas son époux pendant des mois. La séparation et les événements du château avaient développé en elle un sentiment de rejet et d'hostilité à l'égard de Célestin. Neuf mois s'écoulèrent et Micaela restait toujours invisible du monde extérieur. Seuls ses docteurs, avocats et amis proches étaient admis chez elle.

30. Micaela en 1825 à l'âge de 30 ans.

En 1835, compte-tenu des circonstances, la justice lui accorda la séparation de biens et de corps, le divorce ayant été abrogé sous la Restauration en 1816 ne fut rétabli que sous la 3ème République en 1884. Mais Micaela avait enfin le droit de vivre seule et sans contrainte. En 1836, elle passait la plupart de son temps au lit, sujette à de fréquentes crises nerveuses auxquelles se greffaient des problèmes respiratoires. Deux des trois fils de Micaela vivaient avec elle dans sa résidence de la rue Saint Honoré. L'aîné lui occasionnait du tracas. Célestin fils s'était écarté de ses parents et menait sa vie loin des vicissitudes familiales. Finalement, il se maria à la Nouvelle-Orléans, retourna en France, fit la paix avec son père avant de résider en compagnie de sa jeune épouse, Blanche, dans la demeure familiale de Mont-l'Évêque, mais aussi dans la propriété de Versailles pour lui permettre de satisfaire sa passion des courses.

31. Célestin, le fils aîné, à 21 ans en 1836. Il se maria avec Blanche Ogden dont il eut trois enfants puis épousa Marie-Claude de Barneville qui lui donna deux enfants morts en bas âge.

32. Autoportrait de Gaston, né en 1821, l'artiste de la famille. Il resta célibataire et décéda en 1875.

Après s'être attelée à la construction de son hôtel particulier au 41 rue du Faubourg Saint-Honoré dans le 8ème arrondissement, Micaela entreprit de valoriser ses propriétés de la Nouvelle-Orléans et d'y faire construire des bâtiments encore jamais vu en Amérique. Mais l'époque était agitée. Après les émeutes des « Trois Glorieuses » en 1830, la monarchie de Juillet avait succédé à la Restauration. La branche cadette des Bourbons, la maison d'Orléans, monta au pouvoir. Louis-Philippe fut proclamé roi des Français, puis son règne s'acheva avec les barricades de 1848. Il fut chassé et remplacé par la Seconde République. S'en était fini de la royauté en France. Louis-Napoléon Bonaparte fut élu président pour quatre ans avant d'être proclamé empereur le 2 décembre 1852. L'aristocratie devait plier ou fuir. Devant le péril et les saccages qui agitaient la capitale et son propre quartier, Micaela s'exila à Londres en attendant le retour au calme. Mais le temps passait et il lui fallait agir. Alors, afin d'assurer la supervision de cet énorme projet autour de la place d'armes de sa ville natale, elle quitta la capitale anglaise pour la Louisiane à l'automne 1848.

La Nouvelle-Orléans avait beaucoup changé. Elle comptait maintenant parmi les cinq plus grandes villes des États-Unis avec une population de 116.000 habitants. Seulement, l'hygiène demeurait un problème majeur qui entraînait de fréquentes épidémies de choléra causées par l'eau contaminée. La jaunisse, les fièvres, la typhoïde, la tuberculose, la variole, la grippe, pour ne citer que les fléaux les plus dévastateurs, complétaient la panoplie des dangers encourus par la population.

Ayant grandi dans cet environnement, Micaela était immunisée, mais elle craignait que ce ne fût pas le cas pour ses fils qui l'accompagnaient. Elle devait faire en sorte que son séjour soit productif, mais elle se heurtait à l'inertie des pouvoirs publics. L'argent qui lui permettait la construction des bâtiments de part et d'autre de la place d'armes venait de ses propriétés étendues sur les quartiers nommés aujourd'hui Faubourg Marigny, Trémé et Mid-City. Les appartements de Micaela semblèrent se matérialiser en une nuit. Alors qu'en avril 1849 elle se démenait auprès des autorités pour obtenir son permis de construire, les travaux débutèrent en octobre. Elle put s'installer au numéro 5 de ces bâtiments en septembre de l'année suivante pour commencer à louer les autres appartements. Le square subissait des transformations de taille et rappelait la Place des Vosges par certains aspects. Le concept était nouveau et pouvait décontenancer un américain. On n'y trouvait rien de comparable dans toute la ville, ni même dans tout le pays. Le style combinait l'architecture grecque, anglaise et française. Encore aujourd'hui, l'allure des bâtiments Pontalba tranchent avec ce qui peut être vu dans le Vieux Carré. La place était devenue une véritable fourmilière d'ouvriers, d'artisans et d'entrepreneurs attelés à ces constructions qui s'appliquaient à tout le quartier. Pendant son projet de rénovation, le clocher central de la cathédrale Saint Louis s'effondra, entraînant dans sa chute une grande partie du toit et quelques murs. La rénovation devint une reconstruction. Dans la foulée, la place fut pavée, nettoyée de fond en comble et replantée d'arbres et de plantes. En 1851, le square fut renommé en l'honneur du héros de la dernière bataille contre les Anglais, le général Andrew Jackson devenu le 7ème président des États-Unis entre 1829 et 1837.

L'été revint à la charge avec son lot d'épidémies, fièvre jaune en tête. Il faut savoir qu'à cette époque, 80% des nouveaux arrivants, ceux qui n'avaient pas grandi sur ces terres inhospitalières ou qui n'avaient pas passé un grand nombre d'années en Louisiane, mouraient de cette effroyable fièvre. Les symptômes étaient pour le moins violents : frissons, douleurs, maux de tête, hémorragies intestinales provoquant des vomissements de sang noir surnommé « le vomi noir » à cause de la régurgitation de ce sang partiellement digéré par l'organisme. Les yeux devenaient proéminents, jaunes et fixes. Le visage se décolorait, devenait orangé ou rouge brique. Par chance, et surtout par la prudence constante de leur mère, Alfred et Gaston ne furent pas atteints. La famille retourna bientôt en France. Micaela ne devait plus jamais revoir sa ville natale en la quittant en 1851. Par chance, elle évita la pire des épidémies de fièvre jaune que connut la ville. En 1853, une personne sur douze fut emportée par la maladie, soit plus de neuf mille morts en seulement quatre mois.

33. Micaela en 1841 à l'âge de 46 ans.

Les années passèrent. L'âge aidant, Micaela prit ses dispositions à mesure que sa santé déclinait. Elle tomba grièvement malade le 19 avril 1874, reçut quantités de médicaments et de potions de ses médecins qui furent dépêchés auprès de son lit par sa femme de chambre. Elle était née un jour de 1795 sans que personne, à l'exception de sa mère, ne s'en rende vraiment compte. Elle disparue de la même manière, seule. Aucun de ses fils et de ses petits-enfants n'était à Paris ce jour là. Peu avant 3 heures du matin, le 20 avril, Micaela rendit son dernier soupir. Elle avait 79 ans. Elle vécut une vie extraordinairement longue et productive considérant les épreuves que lui avait réservées l'existence.

Dans les quatre années qui suivirent sa disparition, ils l'avaient presque tous rejointe dans la tombe. Gaston et Alfred, deux de ses fils, moururent de maladie respectivement à l'âge de 54 ans et de 60 ans. Blanche, l'épouse de son aîné, fut enterrée seulement quatre ans après le décès de Micaela. Célestin, son mari, rendit l'âme à 4 heures du matin, le 20 août 1878. Il avait 87 ans. Son fils aîné, Célestin, mourut à son tour onze ans après le décès de sa mère, en 1885.

Alfred avait pris sur lui de s'occuper des propriétés familiales mais aussi de son père vieillissant. Quand il choisit finalement de mettre le château de Mont-L'Évêque en vente, il suivit son jeune frère Gaston dans la tombe, quatorze mois seulement après lui. C'est son épouse Louise qui hérita et le géra pour le compte de son fils Michel qui n'avait que 14 ans au jour du décès de sa grand-mère Micaela. C'est le petit-fils de Michel qui est aujourd'hui le propriétaire du château. Sans déroger à la lignée familiale, il est l'actuel baron Henri Delfau de Pontalba.

Micaela est enterrée à Mont-l'Évêque dans une tombe qu'elle partage avec Célestin, côte à côte dans la mort comme ils auraient dû l'être dans la vie. Son beau-père, qui n'aurait jamais accepté de dormir dans une chambre attenante à la sienne, repose à présent dans le même caveau non loin de celle qu'il avait tant haïe, mais qu'il fut pourtant incapable de briser…

34. Construit entre 1842 et 1855, l'hôtel Pontalba est aujourd'hui la résidence officielle de l'Ambassadeur des États-Unis en France. La baronne Micaela Almonester de Pontalba acquiert la propriété en 1836. Elle fait détruire le bâtiment existant en 1842 et charge l'architecte Louis Visconti de la construction d'un nouvel hôtel. La construction est achevée en 1855, et la Baronne de Pontalba l'occupe jusqu'à sa mort en 1874.

Ses héritiers vendent la propriété au Baron Edmond de Rotschild en 1876, qui confie à Félix Langlais la rénovation, l'agrandissement et l'embellissement de la résidence, en ne conservant du bâtiment existant que le portail mais en respectant le plan d'ensemble.

Pendant la Seconde Guerre mondiale, la propriété est réquisitionnée par Hermann Goering qui en fait un club d'officier de la Luftwaffe. Après la guerre, elle est louée à la Royal Air Force, puis aux États-Unis. Le gouvernement américain achète l'hôtel en 1948, initialement pour l'Agence d'Information des États-Unis. Après le déplacement de ce service dans l'Hôtel Talleyrand rénové en 1971, il devient la résidence officielle de l'ambassadeur.

Une société complexe

Le système du plaçage est né d'une pénurie de femmes blanches dans les colonies de Louisiane et de Saint Domingue. Après l'échec relatif de la déportation des « filles du Roy » et des « filles à la cassette » que l'autorité royale forçait de quitter la France pour le Canada ou les colonies, il était devenu impératif de développer les communautés en contournant la loi qui interdisait qu'une femme de couleur puisse se marier avec un blanc. Celles qui arrivaient du vieux continent avaient peu de chance de survivre au-delà des deux ou trois ans qui suivaient leur arrivée. Les conditions étaient trop pénibles et les risques d'épidémie beaucoup trop importants. On se souvient de Manon Lescaut, l'héroïne tragique du roman de l'abbé Prévost publié en 1731.

Manon usa de ses charmes pour soutirer de l'argent pour le compte de son amant, le chevalier Des Grieux, et finit par se retrouver enfermée à l'hôpital de la Salpêtrière. Manon accepta de s'exiler pour échapper à une nouvelle incarcération. Des Grieux parvint à se joindre à l'expédition. La jeune fille mourut peu de temps après son arrivée en Louisiane, épuisée d'avoir tenté d'échapper à son sort.

35. L'embarquement de Manon Lescaut pour la Louisiane avec d'autres filles à la cassette.

En 1719, plusieurs dizaines de ces filles condamnées par la justice arrivèrent avec un trousseau comprenant deux paires d'habits, deux jupes et jupons, six corsets, six chemises, et autres équipements utiles qui tenaient dans une petite malle fournie par le trésor royal. Elles portaient avec elles un petit coffret renfermant leur nécessaire de toilette expliquant aussi la référence à la « cassette ». Le taux de mortalité étant très élevé, la population de ces femmes blanches inadaptées aux conditions climatiques qui dépeuplaient leurs rangs ne permettait pas d'assurer l'accroissement suffisant du nombre des familles. En plaçant chez un maître blanc des femmes métissées ayant un quart de sang africain, créole ou amérindien, les quarteronnes ou « quadroon » en anglais, il était alors possible d'infléchir le Code Noir et d'augmenter la population des enfants ayant de plus fortes chances de survivre aux épidémies grâce à un patrimoine génétique maternel plus résistant. Les femmes de couleur libre et les affranchies pouvaient ainsi bénéficier de certains avantages acquis par l'éducation, leur intelligence, leur physique engageant et leur aptitude à s'adapter aux circonstances. Devenues des concubines, elles ne possédaient pas le statut légal des épouses légitimes, mais elles pouvaient prétendre à un logement, à des revenus parfois conséquents et à l'assurance que les enfants illégitimes nés de ces unions reçoivent une éducation avec la probabilité d'être émancipés un jour. Avec la fréquence de ces relations qui finirent par entrer dans les mœurs locales, beaucoup de ces enfants furent libérés de leur condition d'esclave ainsi qu'un certain nombre de leurs mères, autorisés même à porter le patronyme paternel. Plus de 1500 femmes de couleur auraient ainsi vécu sous ce régime établi dans des circonstances extraordinaires.

Le plaçage s'appliquait aussi dans les familles les plus respectables. Quelques hommes blancs évoluant dans les plus hautes sphères de la société créole placèrent leur fille de couleur auprès du fils d'amis proches ou même de quelque membre consentant de la famille. C'est ainsi qu'Eulalie de Mandeville, la demi-sœur d'un aristocrate excentrique ayant pignon sur rue, Bernard de Marigny de Mandeville, fut enlevée des bras de sa mère esclave quand elle n'était encore qu'un bébé et fut élevée par une grand-mère blanche.

En 1796, âgée de 22 ans, Eulalie fut placée par son propre père, Pierre Philippe de Marigny de Mandeville, le père de Bernard, auprès d'Eugène de Macarty, membre influent d'une famille franco-irlandaise enracinée dans le tissu social de la ville. Leur union donna naissance à cinq enfants et leur alliance dura près de 50 ans.

36. Pierre Philippe de Marigny de Mandeville (1750-1800)

37. Bernard de Marigny, le fils de Pierre (1785-1868)

Le frère d'Eugène, Augustin, fut maire de la Nouvelle-Orléans de 1815 à 1820, mais, à l'inverse d'Eugène, Augustin se maria tout en conservant de nombreuses relations amoureuses avec des filles créoles de couleur dont certaines réclamèrent une partie de son héritage pour le bénéfice des enfants qu'elles avaient eus avec lui. Sur son lit de mort en 1845, Eugène de Macarty maria Eulalie pour lui transmettre légalement sa fortune et ses propriétés, une décision qui fit scandale à l'époque car des membres de sa famille contestèrent son testament mais furent déboutés en justice. Au nombre des plaintifs, la nièce d'Eugène, Delphine de Macarty Lalaurie, qui dépêcha un avocat discret depuis Paris pour ne pas paraître en personne après les accusations dont elle avait fait l'objet une dizaine d'années auparavant. Eulalie de Mandeville de Macarty développa un commerce florissant et laissa de nombreuses notes de sa vie dans un journal qu'elle avait tenu jusqu'à sa mort en 1848. Là encore, ses enfants survivants durent défendre leurs intérêts et leurs biens en justice, sous la pression d'une partie de la famille Macarty qui tenta sans succès de s'approprier l'héritage d'Eugène.

38. Augustin de Macarty, fut le maire de la ville de 1815 à 1820. Né en 1774 et décédé en 1844, il était le cousin de Delphine Lalaurie.

Dans cette société qui reposait sur le statut plus que sur la race, des bals étaient organisés pour permettre aux jeunes quarteronnes de se mettre en valeur et de trouver un amant et plus encore un protecteur. En 1805, un homme du nom d'Albert Tessier s'ingénia à louer une salle qui lui permettrait chaque semaine d'y réunir ces filles de couleur libre avec des hommes blancs célibataires, veufs ou en quête d'une aventure sentimentale. Les participantes étaient formées pour y démontrer leurs talents en évoluant avec grâce et élégance dans des robes élaborées destinées à charmer ces riches esseulés. Les mères de ces filles se chargeaient ensuite des négociations lorsqu'était suspecté une relation sur le point de se concrétiser. Pour assister à ces fêtes mondaines qui se multipliaient en fin et début d'année, les femmes de couleur libre dont la peau semblait un peu trop sombre, devaient se soumettre à l'épreuve du papier brun, ce même emballage qui est toujours utilisé de nos jours dans les épiceries américaines pour y placer les achats en remplacement du sac plastique polluant. Ce test discriminatoire autorisait ou non certains privilèges. Institué à la Nouvelle-Orléans, cette pratique fut largement utilisée sur tout le territoire américain jusqu'en 1960. Cette technique d'évaluation arbitraire offrait la possibilité aux enfants métissés dont la peau était plus claire d'accéder à des fonctions plus nobles et des emplois moins contraignants, d'avoir le droit d'entrer en apprentissage ou de suivre une éducation plus poussée, d'avoir accès à la propriété et de bénéficier d'un droit d'émancipation.

Ces gens de couleur libre à la peau plus claire formèrent des clubs et des associations après l'abolition de l'esclavage. Certains de ces groupes se faisaient appelés « société de sang bleu », révélant leur descendance parmi les Européens. L'affichage d'un héritage privilégié créa bon nombre de ressentiment de la part du reste de la communauté noire américaine aux prises avec la ségrégation et la répression. À la Nouvelle-Orléans, l'usage du papier brun appartenait aussi à la définition des canons de la beauté qui valorisait les origines européennes et rendait la personne en question plus attrayante, plus désirable et plus apte à son introduction dans la société mondaine de la ville. Alors que certaines jeunes filles s'ingéniaient à se maquiller le visage avec force de farine et de poudre, à se couvrir le visage d'un voile élégant et à se protéger des rayons solaires pour ne pas avoir à accentuer leur pigmentation, il leur était demandé de dénuder un bras pour y apposer le terrible papier brun et faire la preuve de leurs origines. Des fêtes basées sur cet usage furent organisées par les noirs métissés et des mulâtres pour valoriser leur propre caste à l'encontre des moins fortunés à la peau trop foncée. Un morceau de papier brun était accroché à l'entrée des demeures de ceux qui recevaient pour signifier clairement quels étaient celles et ceux qui pouvaient pousser la porte pour joindre la fête. Des universités réservées à l'élite de couleur utilisèrent cette pratique de recrutement. La même cérémonie se pratiquait dans l'intronisation des nouveaux membres des fraternités et des sororités. C'était aussi un moyen pour ces gens de se rassurer sur le fait que leurs ancêtres n'avaient pas été des esclaves, mais des gens de couleur libre unis à des blancs, au pire des affranchis.

En prenant possession de la Louisiane en 1803 et en arrivant plus en nombre vers les années 1815, les américains furent incapables de saisir les nuances d'une société élaborée depuis deux siècles sur des principes subtiles. Ils opérèrent une dichotomie binaire sans se soucier de cette fraction cultivant leur différence et leur appartenance à un monde qui avait établi les bases de son fonctionnement entre deux héritages distincts aujourd'hui étroitement mêlés.

On peut imaginer le soulagement de ces jeunes filles métissées qui avaient reçu le statut de « passée blanche ». Elles étaient souvent des octavonnes, les « octoroons » en anglais, des enfants ayant un huitième de sang africain. Leur peau était presque claire et les traits de leur visage présentaient la plupart des caractéristiques rencontrées chez les personnes de descendance européenne. Elles possédaient ainsi un avantage certain qui leur ouvrait les portes du mariage sans restriction.

39. Dessin de la Salle d'Orléans construite en 1817.

En 1817, devant le succès des bals qui fleurissaient pendant « la saison », à savoir entre les récoltes et Mardi Gras, John Davis, un investisseur entreprenant originaire de Saint Domingue, décida de faire construire une nouvelle salle de bal luxueuse. Il la baptisa la Salle d'Orléans. La réussite de l'entreprise l'incita alors à faire rénover le bâtiment adjacent, le Théâtre d'Orléans, l'opéra le plus important de la ville qui avait été construit par Louis Tabary, un autre réfugié de Saint Domingue. Sa construction avait débuté en 1806 mais fut retardée par les batailles qui faisaient rage non loin avec les Britanniques, et il fallut attendre octobre 1815 pour son inauguration. On y présentait des opéras français et l'endroit faisait salle comble à chaque représentation. Après l'incendie qui le détruisit, il fut donc reconstruit par John Davis. Le Théâtre d'Orléans rouvrit ses portes en 1819 pour divertir la bonne société créole jusqu'en 1866 quand il fut de nouveau la proie des flammes. Sous la direction de Davis, et durant cinq saisons, 140 opéras furent présentés à un public assidu et enthousiaste. L'opéra fermait ses portes pendant la saison chaude, mais Davis parvint à exporter sa troupe dans les grandes villes du nord-est comme Boston, Philadelphie, Baltimore et New York, ce qui valut au Théâtre d'Orléans d'être reconnu à l'échelle de la nation. Une rivalité commença avec le Camp Street Theatre qui ouvrit ses portes en 1824 et donnait des représentations en anglais. Son succès lui permit de s'ouvrir sur Saint Charles et d'être ainsi renommé Saint Charles Theatre. La compétition prit fin quand l'édifice fut détruit par un incendie en 1842.

La Salle d'Orléans fut épargnée mystérieusement par les nombreux incendies qui ravageaient régulièrement la ville et ses bâtiments historiques. Elle accueillit d'innombrables bals de souscription, de bals de Mardi Gras, de mascarades, et attirait tout le gratin de la région et même bien au-delà des frontières de la Louisiane. À l'occasion des galas, l'opéra voisin était transformé pour accroître la capacité de la salle de bal. Des salles de jeux y fonctionnaient également pour distraire les malchanceux en amour qui n'avaient pu tirer leur épingle du jeu pendant les danses qui s'y déroulaient. Même le célèbre architecte Benjamin Latrobe estimait que l'endroit était le meilleur de tout le pays, lui qui connaissait si bien les villes de la côte est. En 1826, le marquis de Lafayette vint s'y distraire pendant les six jours que dura sa visite inoubliable. Les fameux « bals du cordon bleu » organisés pour les quarteronnes à la recherche d'un protecteur et d'un amant se tenaient à la Salle de Condé à l'angle de Chartres et de Madison, mais aussi à la Salle d'Orléans. L'édifice fut mis en vente en 1881. Il devint un couvent et une école gérée par les sœurs de la Sainte Famille, le premier ordre religieux du pays fondé par des femmes de descendance africaine. L'ancienne salle de bal devint leur chapelle. Un jour de 1963, une nonne faisait la visite des lieux à un journaliste de Washington rédigeant un article sur cet ordre religieux, elle marqua une pause pour lui dire :

- Voici l'ancienne Salle d'Orléans. On disait que c'était le meilleur endroit pour danser dans tout le pays. Le parquet est constitué de trois épaisseurs de cyprès. Là haut, vous pouvez voir le balcon sur lequel se promenaient ces jeunes dames au bras de leur galant sous l'œil attentif de leur chaperonne qui était le plus souvent leur propre mère. En bas, sur la banquette, les « beaux » s'y battaient en duel pour les beaux yeux de leur cavalière.
- Est-ce le portrait de la fondatrice ? interrogea le journaliste en pointant son crayon de papier vers un tableau accroché au mur.

40. Henriette Delille (1813-1862), la servante des esclaves. En 1989 une procédure de canonisation a été introduite auprès de l'archidiocèse de la Nouvelle-Orléans avant d'être présentée au Vatican. Après avoir été déclarée « vénérable » par le Pape Benoît XVI en 2010, l'enquête continue pour déterminer sa candidature à la béatification et à la sainteté si un ou plusieurs miracles ont été prouvés.

- En effet, vous avez raison. C'est bien elle. Sa famille habitait non loin d'ici, dans le Vieux Carré. Elle était née en 1813. Son père venait de France, du Lot-et-Garonne plus exactement. Il s'appelait Jean-Baptiste DeLille Sarpy.
- Mais je croyais que votre ordre avait été fondé par des sœurs de couleur ? réagit son interlocuteur en fronçant les sourcils.

- Sa mère, continua la sœur en souriant au regard du journaliste vrillé sur le visage pâle du portrait, était Marie-Josèphe Diaz, une femme de couleur libre dont le père était Espagnol et la mère, Henriette Laveau, une créole mulâtresse. Sa mère et sa grand-mère avaient été placées auprès de leur protecteur et concubin selon le système qui s'était développé ici même, à la Nouvelle-Orléans.
- Ce qui faisait donc d'elle une octavonne ?
- Eh oui, mon cher monsieur, Henriette avait un huitième de sang africain.
- Une passée blanche ?
- Henriette aurait pu sans aucun doute se marier avec un riche homme blanc, mais elle choisit une toute autre voie. Elle renonça aux privilèges que pouvait lui offrir son teint de peau. Dès l'adolescence, elle affirma son appartenance aux gens de couleur et contraria les projets de sa famille. Sa mère lui avait inculqué tous les connaissances susceptibles de lui ouvrir les portes d'un avenir prometteur. Elle lui avait ainsi enseigné la littérature, la musique, la danse afin de l'introduire dans la bonne société grâce aux bals de quarteronne. Mais sa fille montra son opposition au plaçage. Fascinée par une sœur qui avait fondé une école pour les filles de couleur libre, elle choisit d'enseigner dès l'âge de 14 ans. Sa dévotion pour l'éducation des pauvres et sa compassion pour les esclaves l'éloignaient de plus en plus de sa mère. À la mort de cette dernière, Henriette vendit les propriétés dont elle avait héritées pour fonder une congrégation religieuse qui s'occupait des malades, nourrissait les pauvres et éduquait les plus démunis, y compris les esclaves que les sœurs parvenaient à recueillir dans l'enceinte de leur modeste institution. En donnant refuge aux femmes âgées qui ne pouvaient plus rester sans surveillance, elles créèrent la première maison de retraite catholique des États-Unis.
- N'avait-elle personne d'autre dans sa famille ?

- Son frère Jean s'était opposé à ses activités. Il lui reprochait d'avoir exposé leurs origines. Ils ne se voyaient plus. Jean partit avec sa famille dans une autre paroisse de Louisiane.
- Est-ce que sa fortune personnelle suffisait à financer leurs missions ?
- Des donateurs de couleur et des supporters de leur cause permirent d'alimenter leurs besoins. En 1842, elles prirent le nom des Sœurs de la Sainte Famille. Henriette Delille avait ainsi consacrée toute sa vie aux défavorisés jusqu'à sa mort en 1862. Son action dans la communauté avait fait des émules. Elles étaient à présent douze à se dévouer. En 1909, leur nombre était passé à 150 et la congrégation éduquait 1300 élèves. En 1950, elles étaient 400.

41. L'ancien couvent déserté peu de temps avant qu'un hôtel y ouvre ses portes en 1964.

Finalement, en 1964, l'ancienne salle de bal fut achetée et rénovée par l'hôtel Bourbon Orleans. L'établissement possède toujours plusieurs salles de réception qui permettent d'organiser des événements d'importance comme un congrès, un mariage, ou une fête. Plusieurs de ces salons portent des noms évocateurs du passé de cet édifice historique, comme la salle Sainte Marie, Sainte Anne ou Saint Joseph. Aujourd'hui, le site fait partie des rares bâtiments du Vieux Carré qui ait survécu à deux cents ans d'histoire.

La plus grande crainte des placées était la mort prématurée de leurs amants et protecteurs. L'incertitude du lendemain les poussait à se montrer entreprenantes et efficaces car elles se devaient d'obtenir d'eux les garanties leur permettant à leurs enfants et à elles-mêmes de conserver leurs acquis.

42. L'hôtel Bourbon Orleans aujourd'hui.

Lorsque l'amour et l'affection entraient dans l'équation de ces familles parallèles, il était fréquent de trouver des documents dans les papiers des défunts ou une clause dans leurs testaments attribuant une partie de leurs biens laissés après leur mort. Certains de ces hommes interdisaient à ces concubines de retrouver un autre amant ou un autre protecteur. Certains même furent plus généreux avec leurs enfants naturels métissés ou mulâtres qu'avec leurs propres enfants légitimes. Quelques-uns héritaient d'une fortune leur permettant en grandissant de se lancer dans les affaires ou d'ouvrir un commerce, voire même d'entrer en politique.

Pour préserver leurs prérogatives sur la scène publique que constituait le Vieux Carré, la plupart des maîtres blancs impliqués dans le système de plaçage, entretenaient leurs relations amoureuses en périphérie, à l'écart du centre économique et social. Ils s'assuraient une plus grande discrétion sur la rue Rampart, l'avenue Esplanade, dans le quartier de Trémé et le faubourg Marigny. Il en était de même pour les planteurs qui venaient en ville pour « la saison ». Ils profitaient de ces longs mois festifs entre la fin des récoltes jusqu'aux fêtes de Mardi Gras, pour fréquenter de belles et séduisantes créoles placées sur le marché de l'amour par leur propre mère qui souhaitait donner à leur fille la chance qu'elle n'avait pas eue de leur temps.

C'est ainsi que se constitua une bourgeoisie étonnante aux origines aussi diverses qu'incompréhensibles pour les américains qui allaient prendre la relève économique vers 1840. Certaines de ces filles de couleur libre étaient devenues des femmes respectées, propriétaires de biens immobiliers, de plantations et même d'esclaves. Personne n'aurait songé à les confondre avec des prostituées de petite vertu. Beaucoup de ces placées avaient accepté ce système pour se donner une chance de survivre et d'offrir à leurs enfants un avenir à la mesure de leurs ambitions et non de celles d'un maître blanc ou d'un créole de couleur libre. Peu avant 1860, l'émancipation des enfants métissés avait pris des proportions qui semblaient avoir modifié les lois sur l'esclavage. Un maître blanc ne traitait plus de la même manière un enfant qui lui ressemblait au même titre que ceux qu'il avait eu avec son épouse légitime. Les liens du sang tendaient à alléger le poids des chaînes, les liens affectifs se jouant des nécessités économiques et de la recherche du profit par l'emploi d'une main d'œuvre entravée par le Code Noir. Bien sûr, la guerre civile mit un terme au plaçage et bientôt les races furent brutalement séparées par la ségrégation des lois Jim Crow[2].

Lorsque la Nouvelle-Orléans tomba aux mains des soldats de l'union et de leur commandant en chef, le général Benjamin Butler, les secrets de famille ou les ramifications interraciales de certaines familles firent la une de la politique nordiste à l'encontre des états esclavagistes. Des enfants émancipés furent photographiés pour combattre le fléau du système social sudiste et aider à la levée de fonds pour la construction d'écoles.

---

[2] Les lois Jim Crow étaient une série d'arrêtés et de règlements promulgués dans les états et les villes du sud des États-Unis entre 1876 et 1964. Ces lois constituaient la panoplie légale de la ségrégation raciale dans tous les lieux et services publics. La ségrégation scolaire fut déclarée inconstitutionnelle par la Cour Suprême en 1954. Les autres lois furent abolies par le Civil Rights Act de 1964. Le nom de Jim Crow provient d'une chanson écrite en 1828 par Thomas Rice, un émigrant anglais qui fut le premier à se produire sur scène en se noircissant le visage et les mains.

43. Charles Taylor, huit ans, fut vendu à deux reprises avec sa mère. D'abord vendu en Virginie par son propre père à un marchand d'esclaves nommé Harrison qui le revendit à un certain Thornhill de la Nouvelle-Orléans. Thornhill prit la fuite à l'approche des troupes de l'union en 1862. Ses esclaves furent libérés par le général Butler. Charles fut placé dans une école réservée aux enfants de sa condition. Il y apprit à lire et à écrire en moins d'un an. Sa mère mulâtresse avait aussi une fille qui fut vendue au Texas et un autre fils qui était resté avec son père en Virginie, Alexander Wethers.

Les photos de ces enfants furent diffusées à grande échelle pour émouvoir l'opinion publique et finir de justifier les centaines de milliers de morts que la guerre civile générait. Les langues se déliaient, les témoignages se multipliaient, mais le recul était insuffisant pour apaiser les drames et calmer les esprits. Les versions s'étoffaient pour choquer les familles jusqu'ici indifférentes au sort de gens dont on ne savait rien. Lorsqu'il s'agissait d'un enfant au teint clair qui avait été vendu et traité comme du bétail, les gens se montraient plus solidaires mais aussi plus généreux dans les campagnes politiques et financières.

ROSA. REBECCA. AUGUSTA.
EMANCIPATED SLAVE CHILDREN,
From our schoo's in NEW ORLEANS.
Entered according to act of Congress, in the year 1863,
by S. TACKABERRY, in the Clerk's Office of the U.S
for the So District of N. Y.
Phot.by WHITNEY & PARADISE.585 Broadway, N.Y.

44. Rosa Downs n'a pas encore sept ans. Son père est engagé dans l'armée confédérée. Elle a une autre sœur au teint similaire et trois frères à la peau plus brune. Leur mère mulâtresse habite dans une cabane misérable de la Nouvelle-Orléans et peine à nourrir toute sa famille. Au centre, Rebecca Huger a onze ans. Elle était esclave dans la maison paternelle. Sa grand-mère mulâtresse et sa mère vivaient dans des conditions acceptables en se faisant rétribuer par leur travail. À droite, Augusta Boujey a neuf ans. Sa mère était la propriété de son demi-frère qui avait la charge de deux autres enfants quand Augusta fut émancipée.

Cinq de ces enfants furent utilisés à ces fins, mais aussi pour éveiller la conscience d'un malaise d'une société qui plus de 150 ans après la fin de la guerre civile, n'a toujours pas liquidé ses anciens démons.

45. On retrouve ici Charles, Augusta, Rebecca, et Rosa dont on devine le bras à droite. Isaac White a huit ans. Dans la campagne destinée à justifier l'abolition de l'esclavage et les valeurs justes défendues par les armées de l'union, il rappelle à l'opinion publique la condition des petits noirs du Sud esclavagiste.

Derrière Charles, Wilson Chinn doit avoir une soixantaine d'années. Il fut élevé par un maître blanc du Kentucky puis vendu pour ses 21 ans à Volsey B. Marmillion, un planteur de canne à sucre installé à 70 kms de la Nouvelle-Orléans en remontant le fleuve vers l'ouest. Son nouveau maître s'ingéniait à marquer au fer tous ses esclaves, le plus souvent sur la poitrine ou le bras, quelquefois, comme ce fut pour Wilson, sur le front. Le photographe avait pris le soin de souligner les trois lettres cicatrisées avec de la peinture blanche pour bien marquer les esprits de ceux à qui il était demandé de contribuer à l'effort de guerre et de participer à la création d'écoles pour ces enfants nés en esclavage. Sur les 210 esclaves qui avaient appartenu à Volsey Marmillion, 105 d'entre eux rejoignirent les rangs de l'armée nordiste. Parmi eux, trente avaient été marqué au fer rouge des initiales de leur maître.

Derrière Isaac, Mary Johnson était la cuisinière d'une famille de la Nouvelle-Orléans. Des cicatrices sur le bras gauche avaient été infligées par sa maîtresse avec un fouet. Son dos en comportait plus d'une cinquantaine. Son propriétaire l'avait punie pour avoir été en retard. Elle lui avait apporté son thé trente minutes trop tard. En prenant la fuite à l'arrivée de l'armée nordiste, elle trouva un emploi auprès du colonel Hanks en tant que cuisinière libre.

Derrière Rebecca, Robert Whitehead était né à Baltimore mais fut emmené contre sa volonté en Virginie pour y être vendu pour 1515 dollars. Il fut ensuite conduit à la Nouvelle-Orléans où il fut acheté pour 250 dollars de plus. Par le travail qu'il fournissait comme peintre ouvrier auprès de plusieurs familles, il parvint à racheter sa liberté. Il devint un pasteur et s'engagea dans l'armée des États-Unis.

Cette photographie fut diffusée et vendue pour 1 dollar. Les photos individuelles des enfants et des adultes coûtaient 25 cents. Les bénéfices étaient destinés à l'effort de scolarisation des enfants affranchis. Le but était de sensibiliser les gens sur la condition des enfants esclaves qui n'étaient pas forcément noirs. Les photographies furent prises en 1863 et l'article parut le 30 janvier de l'année suivante. L'auteur de ces photos était Phillip Bacon, qui travaillait au bureau d'émancipation en tant qu'assistant du directeur. C'est lui qui ouvrit la première école pour ces enfants qu'il éduquait à la Nouvelle-Orléans pendant les dix-sept années que durera l'occupation par les troupes nordistes.

Mais la guerre n'était pas encore finie et les mentalités n'étaient pas prêtes de changer. Il fallait faire preuve de patience dans une société mal informée et souvent ultra conservatrice. Bien sûr, il ne fut jamais mentionné dans les articles et les enquêtes publiées à l'époque par des reporters et des historiens originaires des états qui condamnaient l'esclavage, qu'il existait aussi des maîtres qui avaient payé l'éducation de leurs enfants nés de femmes de couleur libre ou qui avaient assuré l'avenir de leurs enfants naturels esclaves du fait de la condition de leur mère que certains avaient finalement affranchis par affection et par amour. Le monde d'avant la guerre n'avait jamais été celui dépeint par l'ignorance du thème opposant blancs et noirs, maîtres et esclaves. L'univers particulier de la Nouvelle-Orléans que l'on s'ingéniait à ruiner, ressemblait plutôt à un dégradé de couleurs aux relations complexes qui présentaient le pire comme le meilleur. Rien ne pouvait justifier d'enchaîner un être humain à un autre pour une question d'économie, et encore moins des enfants innocents. Mais bien après que les chaînes de l'esclavage eurent été abolies, ceux qui avaient subi ce système injuste et leurs descendants pour des générations à venir, n'avaient toujours pas gagné le droit à être traités comme des êtres à part entière.

L'âme chagrine

Comme la plupart des jeunes filles de l'époque, Aimée Bruslé vécut une vie qu'elle n'avait pas choisie. Son histoire symbolise les espoirs et les réalités d'une ville livrée à un futur incertain, balayée par les tragédies et pourtant se parant au fil du temps de la richesse de sa complexité. Dans le tourbillon des destins qui se font et se défont, l'évocation de sa mémoire éclaire la place prépondérante que tient la musique et les traditions séculaires dans ce Vieux Carré inondé par la fureur des joies brutales et des excès les plus contradictoires. Elle contribue à la compréhension d'un présent qui fascine, sollicite tous vos sens et interpelle d'une manière inhabituelle à laquelle tout visiteur n'est jamais parfaitement préparé. Il en fut de même pour les parents de Marie-Aimée qui débarquèrent un beau jour à la Nouvelle-Orléans dans l'attente de pouvoir reconstruire un style de vie dont ils avaient été privés en d'autres lieux.

Du côté maternel, l'arrière grand-père de Marie-Aimée s'appelait Jacques Christophe Deynaut. Il habitait Monségur en Gironde puis s'exila à Saint Domingue pour y gérer une plantation. Il épousa Elisabeth Torel[3] qui mit au monde deux enfants : Jacques Louis et Louis Christophe. Ils devinrent planteurs à leur tour. Louis Christophe Deynaut se maria en 1779 avec Marie-Thérèse Lucille Vallade[4] qui eut trois filles dont Marie-Joséphine. Après l'insurrection de Saint Domingue et la fuite des colons, Marie-Joséphine rejoignit la Jamaïque. Elle y rencontra le capitaine Théodat Camille Bruslé qui, un temps rallié à l'armée anglaise pour tenter de reprendre les positions tenues par les insurgés à Saint Domingue, resta en Jamaïque pour y produire du café. Mariés à l'aube du 19ème siècle, ils émigrèrent à la Nouvelle-Orléans en 1806. Marie-Joséphine mit au monde huit enfants, dont Marie Aimée, la cadette de la famille. A la Nouvelle-Orléans, après diverses activités de négoce, Théodat Camille acheta en 1815 une grande boulangerie à son beau-frère le Comte d'Aquin, transaction comportant aussi l'achat de 11 esclaves.

Du côté paternel, les origines de Marie Aimée remontent à Jean Bruslé, directeur de la chambre de commerce de La Rochelle. Il était le frère de Pierre Bruslé de Beaubert. Pourquoi Jean n'avait pas cette particule aristocratique ? L'histoire ne le dit pas et les raisons peuvent être liées à quelque désaccord familial ou juridique[5]. Le petit-

---

[3] Veuve dès 1755, Elisabeth Torel se remaria trois ans plus tard avec Jacob Vincent Moreau, officier et capitaine de Bataillon. Ils s'installèrent au Cap Français. De ce second mariage naquirent trois enfants, Louis, Vincent et Elisabeth. Vincent fut tué au cours d'une insurrection d'esclaves. L'aîné, Louis Moreau, sans doute l'ancêtre le plus illustre de la famille, inspira le prénom du fils aîné de Marie Aimée. D'abord avocat et juge de paix au Cap, Louis Moreau L'islet s'établit à la Nouvelle-Orléans et intercéda auprès de son beau-frère le comte de Lagrange pour obtenir auprès du roi des dédommagements pour les réfugiés français de Saint Domingue. Devenant un juriste réputé, il fut nommé procureur général en 1817. Il devint co-auteur du code pénal de la Louisiane, adopté en 1825. Sa vie a fait l'objet d'une biographie.

[4] Les grands-parents de Marie-Aimée.

[5] Jean épousa Marie Madeleine Barreau qui lui donna neuf enfants dont Antoine Exupère Bruslé, né en 1718, qui arriva à Saint Domingue, sans

fils de Jean, Joseph Antoine, épousa Marie Anne Rasse et dirigea une plantation de café. Parmi les cinq enfants qui naîtront, mis à part le père de Marie Aimée, Théodat Camille, seule Françoise Hortense épousera un noble, Louis Victor Fauques de Jonquières.

Sur l'acte de mariage, Joseph Antoine est colonel de cavalerie sous Louis XV, chevalier de Saint-Louis et surtout commandant du quartier de Grande Rivière à Saint-Domingue, ce qui tend à confirmer les origines aristocratiques de la branche paternelle de Marie Aimée.

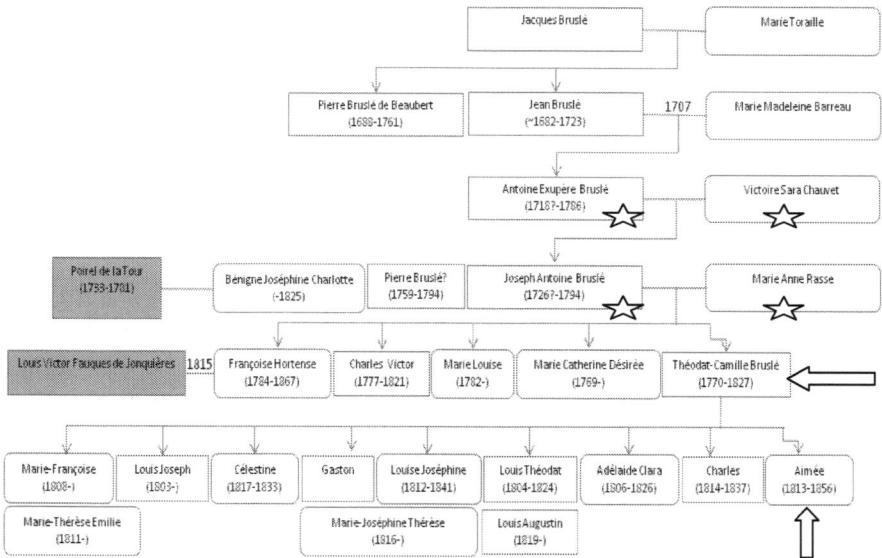

46. Arbre généalogique de Marie Bruslé, côté paternel. Les noms dans un encadré gris soulignent les origines aristocratiques confirmées de la famille. Les flèches indiquent Marie Aimée dans sa fratrie décimée. Tous ses frères et sœurs disparaîtront bien avant elle. L'autre flèche désigne son père dont seule sa sœur Françoise Hortense lui survivra. Les étoiles montrent les grands-parents et les arrière-grands-parents de Marie Aimée.

doute avec toute sa famille après la mort de son père en 1723. L'oncle d'Antoine, Pierre Bruslé de Beaubert, s'y installa également.

Joseph Antoine et son frère Pierre mourront en 1794, massacrés par les insurgés après avoir lutté jusqu'à leur dernier souffle dans la tragédie d'avoir vu périr sous leurs yeux l'épouse de Joseph et deux de ses enfants. Les survivants furent traqués dans les bois par leurs anciens esclaves. Ils parvinrent à s'échapper de justesse grâce au dévouement d'une vieille mulâtresse qui leur fit traverser de nuit la région où les insurgés avaient installé leur campement non loin du port pour empêcher les fuyards de s'échapper avant qu'ils ne franchissent les postes militaires tentant de contenir la révolte et permettre l'évacuation de l'île. Camille, son frère Charles et sa sœur Françoise, accompagnés de leur tante Joséphine, parvinrent au prix d'une terrible angoisse à atteindre le rivage non loin du port. Alors qu'une goélette anglaise s'éloignait avec à son bord les réfugiés qui avaient pu échapper aux massacres, ils se jetèrent à l'eau et nagèrent dans sa direction sous le feu de quelques insurgés qui venaient de les repérer dans l'eau.

47. Cérémonie de Bois-Caïman rassemblant des adeptes du vaudou le 14 août 1791. Elle sera le catalyseur des insurrections de Saint Domingue qui conduiront à l'indépendance. Peinture d'André Normil - 1990

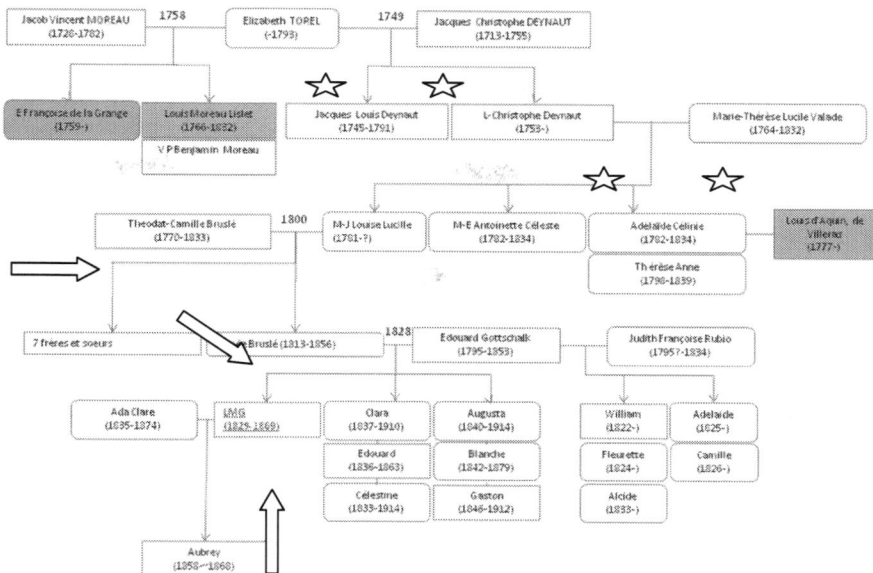

Jacob Vincent MOREAU (1726-1782) — 1758 — Elizabeth TOREL (-1793) — 1749 — Jacques Christophe DEYNAUT (1713-1755)

E Françoise de la Grange (1759-) | Louis Moreau Lislet (1766-1832) | Jacques Louis Deynaut (1745-1791) ☆ | L-Christophe Deynaut (1753-) ☆ | Marie-Thérèse Lucile Valade (1764-1832)

V P Benjamin Moreau

Théodat-Camille Bruslé (1770-1833) — 1800 — M-J Louise Lucille (1761-?) | M-E Antoinette Céleste (1782-1834) | Adélaïde Célinie (1792-1834) ☆ | Thérèse Anne (1796-1859) | Louis d'Aquin, de Villerac (1777-) ☆

7 frères et soeurs | Bruslé (1813-1856) — 1828 — Edouard Gottschalk (1795-1853) — Judith Françoise Rubio (1795?-1834)

Ada Clare (1835-1874) | LMG (1829-1869) | Clara (1837-1910) | Augusta (1840-1914) | William (1822-) | Adélaïde (1825-)

Edouard (1836-1863) | Blanche (1842-1879) | Fleurette (1824-) | Camille (1826-)

Célestine (1833-1914) | Gaston (1846-1912) | Alcide (1833-)

Aubrey (1858-1860)

48. Arbre généalogique de Marie Aimée, côté maternel. Les noms encadrés en gris désignent les origines aristocratiques ou un parent notable. Les flèches indiquent ses parents et son fils Louis Moreau qui deviendra un pianiste et un compositeur de renommée internationale. À droite de Louis Moreau (LMG), les six autres enfants d'Aimée et d'Édouard. Ils entreront tous dans l'âge adulte. Les étoiles montrent ses grands-parents et ses arrière-grands-parents.

Les origines de Théodat Camille lui octroyait de droit une charge militaire digne de son rang, mais l'obligea aussi à un certains nombres de sacrifices. 1794 n'était pas seulement une date historique marquant l'insurrection des esclaves de Saint Domingue qui détruisit une des sources de production sucrière des Antilles. Le moteur de cette révolte historique fut une réunion secrète de Bois-Caïman qui avait rassemblé des adeptes du vaudou. Leur prêtre, Dutty Boukman, sacrifia un cochon noir dont il collecta le sang dans une calebasse creusée avant de le faire boire à chacun des participants, leur disant solennellement que ce breuvage leur procurait la force dont ils avaient besoin pour retourner affronter et confronter leurs maîtres esclavagistes, d'obtenir d'eux leur liberté. En cas de résistance, ils n'auraient qu'à se débarrasser d'eux en les massacrant sans scrupules. Ils repousseraient vers la mer ceux qui ne présentaient aucun danger et mettraient ainsi un terme à ce régime social injuste.

Après avoir été le témoin du carnage de nombreux parents, amis et voisins, les survivants tentèrent de sauver tout ce qui pouvait être utile à leur départ en exil : plants de bananiers, graines, plants de canne à sucre, argent mis à l'abri de tout vol, et aussi quelques valeureux serviteurs totalement dévoués à la famille. Laissant derrière eux près d'un millier de victimes massacrées par la vindicte des insurgés, il s'agissait à présent de trouver un endroit sûr pour y recommencer à vivre et tenter d'oublier ces moments qui allaient changer le cours de l'Histoire.

1794 fut une année qui marqua les esprits de tous, y compris dans la capitale de la lointaine métropole. La Terreur Blanche y régnait. Tout aristocrate ayant refusé de porter la cocarde tricolore républicaine ou ayant fui les contrôles imposés à travers le territoire, était inscrit sur la liste des commissaires de la république dépêchés dans toutes les colonies pour y retrouver les fuyards et leur faire subir le sort de Danton et de Robespierre. Il ne faisait pas bon vivre de s'installer dans une colonie française de crainte d'être identifié, arrêté et ramené en France avec le risque d'être jugé pour trahison. Les îles britanniques s'offraient naturellement aux exilés de Saint Domingue.

Le capitaine Théodat Camille de Bruslé échappa donc au soulèvement massif des esclaves de Saint Domingue. Il se réfugia en Jamaïque pour entrer au service du roi George III d'Angleterre. C'est là qu'il fit la rencontre d'une autre réfugiée, Marie-Joséphine Deynaut qu'il allait épouser quelques années plus tard.

Incendie du Cap.

49. Pendant la révolte de la nuit du 21 août 1791, 161 sucreries et 1 200 caféières sont incendiées. Dutty Boukman progresse jusqu'au Cap-Français. Les autorités ripostent et Boukman périt au combat. On expose sa tête car il passe pour invulnérable auprès des esclaves. Malgré la riposte, la révolte n'est pas vaincue. D'autres chefs succèdent à Boukman dont ses lieutenants Jean-François, Biassou, et Toussaint qui ne s'appelle pas encore Louverture. Illustration tirée du livre *Saint-Domingue, ou Histoire de Ses Révolutions*, paru en 1820.

Après son mariage en 1800, le couple émigra à la Nouvelle-Orléans. Fraîchement débarqué en ville, après leur périple depuis Saint Domingue passé sous le contrôle du célèbre Toussaint Louverture, et quelques années passées à Kingstown, le capitaine de Bruslé ne craignait plus d'être identifié en conservant son titre ni même en réclamant un charge militaire qui aurait révélé son rang. La Louisiane connaissait une période de transition. Sous régime espagnol, elle était redevenue française en 1800, avant de devenir américaine en 1803. L'aristocratie ne risquait plus de perdre la tête depuis le coup d'état de Bonaparte. En l'occurrence de quoi, un cousin, le comte d'Aquin, entra en contact avec lui, et sous le titre d'un honnête notable, lui vendit un bâtiment sur la rue Chartres, à quelques pas seulement du célèbre restaurant créole *Muriel's*.

Huit enfants furent le fruit de ce mariage entre Théodat Camille et Marie-Joséphine, parmi lesquels Marie Aimée qui devait devenir remarquable par sa beauté, sa sagesse et son génie musical[6]. Six de ses frères et sœurs ne célébrèrent jamais leur premier anniversaire. Aucun des autres ne put atteindre l'âge de trente ans. Marie Aimée ignora donc l'existence de trois de ses frères et sœurs disparus avant sa naissance en 1813.

Comme tous les enfants nés sur ces terres balayées par les tempêtes, les inondations et les épidémies, elle grandit dans l'accoutumance à voir disparaître un proche, un ami, un voisin. La mort faisait partie intégrante du quotidien de toute famille anxieuse de pouvoir survivre au lot de tragédies apportées dans le sillage de chaque saison chaude. Pourtant, Aimée atteignit l'âge de raison soutenue par une famille attentionnée. Il lui faudrait bientôt commencer son éducation dans les meilleures conditions possibles et penser à se préparer à la vie de femme qui l'attendait. Ses joies résidaient dans la lecture et la musique pour lesquelles elle se découvrit une passion.

Pieuse catholique, Marie Aimée grandit sous les auspices du père Antoine. Il avait pris en estime le boulanger de la rue Chartres qu'il considérait comme un homme intègre et honnête au point qu'il prit sous son aile chacun des enfants de la famille. Il se trouva qu'Aimée devint sa protégée. Il la décrivait comme extrêmement belle et très sérieuse, bien que parfois son désir de réussir et d'accéder à une position enviable lui masquait les réalités de l'existence. Il se consacra à son éducation, devint un invité régulier, entendit les secrets de son cœur en confession et fut l'artisan de sa foi.

---

[6] Gaston ne figure pas au nombre des onze enfants. Il est mort né.

A cette époque, Théodat Camille Bruslé approvisionnait en pain aussi bien les nantis que les pauvres. En seulement deux ans, son succès lui ouvrit les portes de la « bonne société » et son nom devint respecté parmi les notables de la ville et les grandes familles créoles influentes. Il avait des sièges réservés au Théâtre d'Orléans pour la saison d'opéra. La population croissait rapidement avec l'arrivée des américains maintenant que la Louisiane avait rejoint officiellement les États-Unis. La demande dépassait l'offre. Lui-même ne pouvait plus honorer toutes les commandes. Des concurrents profitèrent de l'occasion pour ouvrir deux autres boulangeries. On y parlait Anglais et les prix étaient meilleur marché. En trois ans, sa clientèle se fit moins fidèle et régulière. Quelques critiques commencèrent à entamer sa notoriété. Certains faisaient courir le bruit que ses esclaves qui fabriquaient et cuisaient le pain avaient tendance à oublier le temps de cuisson. L'association de son activité avec son nom de famille sembla achever le déclin de son entreprise.

« Comment voulez-vous que le pain soit bon quand il est fait par Bruslé ? » s'esclaffaient quelques mauvaises langues probablement payées par la concurrence.

Camille perdit alors une grande partie de son influence. La boulangerie achetée à son beau-frère le comte d'Aquin en 1817, fit banqueroute six ans plus tard et il semblait ruiné. Les sacrifices acceptés avaient cessé de servir ses intérêts. Par souci de s'intégrer dans la communauté, il n'utilisait plus sa particule comme les autres membres de sa famille qui avait subi les drames de la répression pendant la Révolution en France et celle de Saint Domingue. Il est vrai que les nobles ne possédaient pas forcément une particule précédant le plus souvent un lieu ou un domaine. Il est aussi prouvé que les noms de famille avaient une certaine tendance à la flexibilité dans leur orthographe, leur transcription et leur prononciation. L'usage et l'oralité ont contribué à réduire la longueur des noms, à les simplifier, ou à les modifier selon les circonstances et les nécessités.

Camille avait renoncé à un poste militaire pour se consacrer à sa famille, faire du commerce et profiter de ses enfants, lui qui avait été privé de son père et du père de son père avant lui, trop occupés par leurs fonctions. Les événements tournaient une fois de plus en sa défaveur. Il avait maintenant 53 ans et ses chances de préserver les finances de sa famille en relançant une nouvelle entreprise semblaient plutôt compromises. Le décès de deux de ses enfants, Louis Théodat l'année suivante à seulement vingt ans, puis d'Adélaïde Clara en 1826 au même âge que son frère, entama son moral et sa santé. Seulement trois de ses onze enfants restaient en vie. La maladie l'emporta à son tour en 1827, laissant son épouse et trois filles dans le désarroi le plus complet.

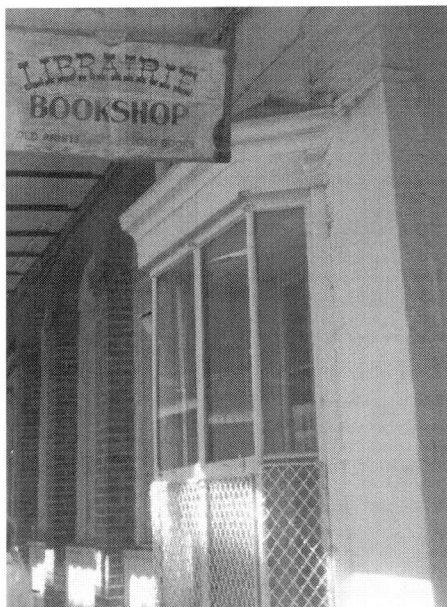

50. La boulangerie est devenue une librairie de livres anciens sur la rue Chartres.

Une fois encore, à l'image de Micaela de Pontalba, l'absence d'une figure paternelle garante du prestige et du patrimoine économique et financier de la famille, obligeait à une redistribution des cartes. Il leur fallait introduire une nouvelle figure masculine capable de redorer le blason familial. On se tournait vers celle qui aurait la lourde tâche d'apporter sa contribution. Le choix fut simple. Louise était entrée au couvent, Célestine n'avait que onze ans. Il ne restait plus que Marie Aimée, quinze ans. Sa mère se mit en quête d'un prétendant. Quelques hommes furent invités et passés au crible d'une sélection rigoureuse quand Marie-Joséphine jeta son dévolu sur un riche courtier arrivé en ville quelques années plus tôt. Il était connu pour être d'une grande culture, d'une éducation raffinée et passait pour un linguiste remarquable maniant huit ou neuf langues différentes. Enquête fut menée pour en savoir un peu plus sur ce beau parti.

Contrairement aux Bruslé, Edward Gottschalk n'avait rien en commun avec l'univers des créoles. Il était originaire d'Angleterre, un pays qui n'attirera jamais Louis Moreau, le fils aîné de Marie Aimée, lorsqu'il fera ses concerts à travers le monde. En fait, les Gottschalk venaient à l'origine d'Eisenstadt en Hongrie. Pour l'immense majorité des habitants de la Nouvelle-Orléans, placer ce pays étranger sur la carte du monde était une entreprise périlleuse, la plupart d'entre eux ignorant même à quoi pouvait ressembler le pays dans lequel ils vivaient.

Le grand-père d'Edward, le rabbin Eliakim ben Abraham, serait né en Hongrie. Son père, Lazarus ben Levi Gottschalk, s'installa à Londres et épousa Shinah Harris qui lui donna au moins sept enfants. La plupart, sinon tous, émigrèrent aux États-Unis, principalement à Philadelphie et la Nouvelle-Orléans. À l'exception d'Edward, tous feront des mariages juifs, à l'image de sa sœur Fleurette qui épousa Arnold Myers. Louis Moreau sera très ami avec ses cousins Annie et Léonard Myers. Léonard deviendra membre du congrès en 1862 et sera réélu jusqu'en 1874. Personnage républicain, il partagera et influencera sans doute les idées politiques de Louis Moreau.

Né en 1795, Edward débarqua à la Nouvelle-Orléans au début des années 1820 avec trois de ses frères. Joseph allait exercer la médecine dans le Vieux Carré, les deux autres firent carrière dans le commerce. Edward ne pratiquait pas sa religion même s'il demeurait un membre actif de la communauté juive. Bien qu'ayant en poche un diplôme supérieur en études scientifiques de l'université de

Cambridge, il opta également pour le commerce, notamment avec son frère James. Ces affaires comportaient en autres la vente et l'achat d'esclaves, activité incontournable pour l'époque.

La Nouvelle-Orléans était alors une ville composée d'une forte population d'esclaves mais aussi de noirs et de mulâtres affranchis qui avaient fui les insurrections de Saint Domingue. Certains avaient prospéré et eurent même l'opportunité d'acheter des terres et des esclaves. Il n'était pas rare que les filles de ces familles soient en mesure de fréquenter la classe blanche dirigeante, et nombreuses sont celles qui devinrent les maîtresses de riches blancs. Ainsi, la jeune Judith Rubio née en 1806 devint à 16 ans la maîtresse d'Edward en 1822. Elle allait lui donner cinq enfants. Leur union fut totalement assumée et Edward Gottschalk veilla à pourvoir aux besoins de cette famille parallèle, Judith devenant même un prête-nom pour ses affaires. A la mort de Judith le 19 juillet 1834, Edward accepta de devenir le tuteur des enfants.

N'étant pas marié avec Judith, Edward restait un homme libre. Cette relation ne constituait en rien un frein au projet marital. Peu avant sa mort, Camille Bruslé l'avait déjà approché dans l'intention de lui présenter sa petite Marie Aimée. Dans la société créole, l'intérêt familial prévalait sur les sentiments personnels et les penchants amoureux. Les dispositions furent donc prises pour leur mariage. Le père Antoine fut prié de choisir la date. D'abord enchanté de la nouvelle, il fulmina lorsqu'il demanda à Marie-Joséphine qui était l'heureux élu. À l'annonce de son nom, il déclara qu'il ne marierait pas la petite Marie Aimée à un juif qui fréquentait déjà depuis longtemps Judith Rubio. Considérant son caractère plus que ses aptitudes, le père Antoine trouvait l'homme frivole et inconstant.

En 1828, les entreprises d'Edward semblaient florissantes. Il ne lui manquait plus qu'une intégration légitime dans le tissu social de la communauté. Son avenir dépendait de son entrée dans l'élite créole. Marie Aimée représentait à ses yeux le tremplin qui lui permettrait de parvenir à ses fins. La tâche ne lui semblait pas très ardue étant donné que la mère de Marie Aimée se montrait entreprenante et tenait à cette union. À moins qu'Edward n'acceptât de se convertir, le père Antoine demeurait hostile à ce mariage qui, selon lui, n'apporterait rien de bon à sa petite Marie. Il faut savoir que le Code noir mis en place en 1726 stipulait, en plus de la réglementation des esclaves, des droits et des devoirs de leurs propriétaires, une clause permettant d'expulser les juifs du territoire. C'est ainsi qu'il n'existait aucun enregistrement de commerçants juifs avant l'arrivée d'Isaac Rodrigues Monsanto en 1757. Le laxisme des créoles facilita leur prospérité jusqu'à l'arrivée du gouverneur espagnol Alejandro O'Reilly qui les expulsa après avoir confisqué leurs biens et leur argent. Ils fuirent à Pensacola puis en territoire britannique.

Après la vente de la Louisiane en 1803, la ville devint plus attractive pour la communauté juive. Judah Touro, riche commerçant philanthrope était déjà arrivé peu de temps auparavant. Entre 1816 à 1821 Ezekiel Salomon devint le directeur de la United States Bank. La brèche était faite et les investisseurs de confession israélite débarquèrent à leur tour dans le flot de plus en plus important des américains découvrant et se heurtant le plus souvent à une société créole francophone récalcitrante et méprisante à l'égard des nouveaux venus.

51. Journées des trois drapeaux. Les 9 et 10 mars 1804, les cérémonies célèbrent la rétrocession de la Louisiane par l'Espagne à la France, puis la vente du territoire de la France aux États-Unis.

Edward refusa la conversion au catholicisme. Le père Antoine refusa de célébrer le mariage. Marie-Joséphine refusa de céder, insista et finit par obtenir satisfaction. La cérémonie eut lieu le 24 mai 1828 dans la sacristie, au plus grand dam de la famille de Marie qui avait espéré une union dans un espace un peu plus confortable et représentatif de leurs croyances mais aussi de leur rang social. Personne ne tint rigueur au père Antoine son entêtement à ne pas marier le couple dans l'église. Le pauvre homme montrait des signes d'épuisement et sa santé était devenue précaire.

Mariée à 15 ans, il semblerait juste de penser que Marie Aimée n'avait pas épousé Edward par amour. Quel pouvait être l'intérêt pour une jeune créole blanche catholique d'accepter un mariage avec un juif de 33 ans venu d'Angleterre ? Il semble que les tragédies qu'avait endurées sa famille décimée par les disparitions successives avaient exacerbé la sensibilité de Marie et son sens du sacrifice.

Après la disparition de son père, sa mère lui donnait l'impression d'avoir vieilli prématurément. La crainte de la perdre avant même qu'elle ne soit en âge de s'y préparer la rendait nerveuse et hypersensible. En se mariant, elle tentait de compenser l'absence et le silence. L'éloquence de son mari la rassurait autant qu'elle éprouvait pour lui une tendresse presque mélancolique. Elle s'arma de patience à son écoute lorsqu'il lui promit quand il lui annonça qu'elle attendait un enfant de ne plus jamais revoir Judith Rubio.

En janvier 1829, elle perdit son éducateur, son confesseur et un proche sur qui elle avait pu compter dans les moments tragiques. Le père Antoine ne serait désormais plus jamais à ses côtés pour la soutenir et l'aider à relever la tête. Les défenses constituées autour d'elle se dépeuplaient. Son calvaire ne faisait que commencer. Son fils vit le jour le 8 mai 1829. Aimée se consacra corps et âme à protéger son petit Louis. Elle avait vu trop de ses frères et sœurs mourir en bas âge et ne voulait prendre aucun risque. Plus rien d'autre ne comptait que son fils. Edward passa au second rang de ses priorités. Marie Aimée se détournait de son rôle d'épouse assidue pour celui d'une mère dévouée. Durant cette période, Edward fut occupé à ses affaires qui prenaient l'eau.

Six mois après son mariage, son entreprise principale périclita et il fit faillite. Jusqu'à sa mort, il en connaîtra de nombreuses. Après avoir rebondi avec l'aide de ses frères et investit dans d'autres projets, il reprit naturellement le chemin de la maison de Judith dans les bras de laquelle il trouvait le réconfort que ne lui donnait pas Marie Aimée. En 1833, quand l'assurance que Louis avait de fortes chances de grandir, Marie Aimée ouvrit de nouveau son lit puis donna le jour à Célestine alors que, de son côté, Judith mit au monde Alcide, le cinquième enfant illégitime d'Edward. Dans un quartier où tout le monde se connaissait, les nouvelles voyageaient à la vitesse des épidémies. L'évidence de l'infidélité de son mari lui étant parvenue aux oreilles, Marie comprit qu'elle ne connaîtrait pas le bonheur, que son mariage ne serait pas cette source de bonheurs partagés auxquels elle s'attendait. Elle n'avait encore que 20 ans et déjà elle cherchait à fuir les réalités qui la blessaient jusqu'en son for intérieur. Elle trouva refuge dans ses passions : la lecture et la musique.

52. Marie Françoise Aimée Bruslé Gottschalk (1813-1854).

Aimée était une romantique. Elle versait des torrents de larmes sur la longue série des romans de *La Comédie Humaine* de Balzac publiés à Paris depuis 1829. Elle avait espéré connaître les joies raffinées d'une cour assidue, des fleurs offertes un genou en terre, les déclarations d'un amour éternel, les attentions fréquentes d'un époux soucieux de son bonheur. Edward était tout le contraire et elle en souffrait à mesure que les années passaient.

Aimée se sentait liée à ses devoirs de mère et d'épouse. Dépressive, elle parvenait à se consoler en jouant sur l'orgue installée récemment dans la cathédrale, ce qui avait pour effet de soulager temporairement ses regrets sur une vie qui n'avait pas tourné comme elle l'avait souhaité. Aimée avait été autorisée à venir y jouer chaque jour après avoir reçu les sacrements et s'être acquittée des actes que sa foi inébranlable lui imposait. Elle montait alors les escaliers vers la loge isolée trônant au dessus de la nef où elle trouvait la paix et la sérénité pendant que ses doigts voletaient sur les claviers superposés. Elle y passait ainsi des heures, mais ne joua jamais en public, sa gêne prenant le pas sur son talent. Sa crainte du regard d'autrui posé sur elle la mettait mal à l'aise. Quand les ombres s'allongeaient et que la lumière du jour baissait, Sally, sa fidèle servante, se présentait au pied de la montée d'escalier pour réclamer de sa maîtresse qu'elle rentre avec elle.

53. Le premier orgue de la cathédrale Saint Louis fut installé en 1829.

S'efforçant de lutter contre les vagues dépressives qui la minaient tout au long de son existence, elle passait de longues heures retranchée derrière les pages d'un roman ou derrière un clavier. Pendant ses moments de solitude, son mari s'efforçait de tirer profit de ses opérations financières. Édouard continua de fréquenter sa maîtresse jusqu'à son décès en 1834, événement qui ne devait pas soulager outre mesure la peine d'Aimée qui apprit qu'Edward avait choisi d'être le tuteur de ses cinq enfants illégitimes.

Sa passion de la musique lui permit de surmonter autant que possible l'adversité et la solitude qui se refermait de façon irrémédiable autour d'elle. Elle était sûrement la source du talent prodigieux de son fils Louis Moreau. Elle l'avait encouragé dans ce sens. Elle-même avait jadis joué sur le grand piano du Théâtre d'Orléans, puis avec sa timidité grandissante, elle se contentait maintenant de fredonner des airs d'opéra et des chansons populaires de l'époque en petit comité restreint ou simplement pour ses enfants.

Six autres enfants avaient suivi la naissance de Célestine en 1833. Ne sachant pas ce que le destin leur réserverait alors que la fièvre jaune sévissait en ville à chaque nouvelle saison chaude, l'expérience d'un mariage malheureux et de la maternité répétée ajouta aux désillusions de l'existence de celle qu'on appelait « la Belle de la Nouvelle-Orléans » qui, telle la rose fragile et éphémère, commençait à se faner sous le climat instable de son mariage.

Louis Moreau avait bien grandi. Ses talents hérités de sa mère l'avaient propulsé sur le devant des scènes populaires de l'époque. François Letellier lui prodigua des leçons de piano dès l'âge de cinq ans. Il composait déjà des petites pièces musicales à l'âge de huit ans et présenta une des ses œuvres à onze ans dans le grand salon du tout nouveau hôtel Saint Charles. Reconnu comme prodige, il devint le Mozart du Nouveau Monde. Beaucoup voyaient en lui l'artiste qui allait faire parler de sa ville natale dans le monde entier. Aimée refusait d'écouter les avis de ses proches sur l'avenir prometteur de son fils aîné. Edward estimait de son côté qu'il ne fallait pas priver Louis de l'opportunité de valoriser son génie. Mais il voyait aussi à travers lui le moyen de redorer le blason paternel dont les retombées ne pourraient être que bénéfiques pour ses propres finances. Il se renseigna auprès de ses contacts en Europe et trouva bientôt le moyen d'envoyer Louis parfaire la maîtrise de son art à Paris. Il se montra si convaincant, et devant l'enthousiasme de leur fils de découvrir le Vieux Continent, Aimée finit par accepter de laisser partir Louis.

Sa tristesse atteignit son apogée lorsque Louis, seulement âgé de 13 ans, prit le bateau pour la France, accompagné par son père et l'un de ses instructeurs pour y étudier la musique sous la tutelle des plus grands pianistes européens. La naissance de Blanche peu avant le départ de Louis en 1842, lui permit de supporter cette séparation qui devait durer entre quatre à six ans à en croire les dires d'Edward et de son entourage.

La lenteur des nouvelles en provenance de Paris semblèrent une éternité. Lorsque Gaston vit le jour, quatre ans s'étaient déjà écoulés et Aimée nourrissait l'espoir de retrouver bientôt son fils aîné. Avec, deux ans plus tard, la perte tragique de Thérèse, la petite dernière qui ne survécut pas à la naissance, Aimée plongea dans un abattement désespéré. Six longues années s'étaient égrenées sans qu'elle ne puisse revoir une fois son Louis adoré qui fêtait ses 19 ans, un anniversaire de plus si loin de sa famille. Elle se raccrocha encore davantage à l'orgue de la cathédrale pour les années à venir.

Edward était confronté à une série de difficultés financières qui l'obligeait à quitter régulièrement la ville pour tenter de trouver le moyen de retomber sur ses pieds en consultant sa famille à Philadelphie. Les cinq enfants d'Aimée réclamaient beaucoup d'attention, drainaient son énergie et accéléraient sans le vouloir la dégradation lente de l'état de santé physique et psychologique de leur mère. Seule le soir, après que tout le monde fût parti se coucher, elle passait de nombreuses nuits à pleurer en tentant de comprendre pourquoi sa vie sombrait dans l'inertie et la peur du lendemain. Qu'adviendrait-il de ses enfants si Edward ne parvenait pas à redresser ses finances et à réduire ses dépenses ? L'angoisse la tenait éveillée, la fatigue s'accumulait au fil du temps, fatigue qui devint une lassitude maladive dont elle ne put jamais se séparer.

En 1853, le cœur affaibli d'Aimée retrouva un regain de vitalité. Elle avait reçu une lettre de Louis la prévenant de son retour prochain à la Nouvelle-Orléans suite à l'annonce du décès de son père. Même si certaines faillites avaient été stratégiques et avaient parfois permis plus de profits que de pertes, Edward avait mené une vie de vrai spéculateur. Il se retrouva au bord de la ruine juste avant que la plus grande épidémie de fièvre jaune que la ville n'ait jamais connue ne l'emporte lui aussi avec plus de neuf mille autres de ses concitoyens. C'est l'un des frères d'Edward, Auguste, qui honora les frais de son enterrement en octobre de la même année. La petite histoire ajoute que c'est sur son lit de mort qu'il demanda à un prêtre de venir à son chevet pour lui signifier sa conversion à la religion chrétienne.

Cela faisait onze ans que Louis avait quitté la maison. Sa formation en Europe n'avait pas été celle qu'il avait escomptée en arrivant. Sa candidature avait été rejetée par le Conservatoire de Paris. Lorsqu'il en demanda les raisons, Pierre Zimmermann, directeur du corps enseignant, lui refusa une audition en déclarant que l'Amérique était connue pour construire des machines à vapeur, et non pour former des musiciens. C'est ici que les origines nobles de sa famille lui permirent d'étudier la musique avec le pianiste et chef d'orchestre Charles Hallé, avec Camille-Marie Stamaty, qui fut aussi le tuteur de Camille Saint-Saëns, et de Pierre Maleden, professeur de composition. Affichant sa parenté avec Madame de Lagrange et ses liens maternels avec l'aristocratie, les portes des salons parisiens s'ouvrirent devant lui et il put être mis en relation avec les pianistes et les compositeurs dont il avait besoin pour son éducation. En avril 1845, il joua à la salle Pleyel en présence de Frédéric Chopin. Le grand compositeur dira de lui dans la loge des artistes en présence de ses amis tout en posant ses mains sur la tête de l'adolescent de 16 ans :

« Donnez-moi la main, mon enfant. Je vous prédis que vous serez le roi des pianistes ![7] ».

Quand à l'évidence que son père était bien juif, il suffit d'ajouter que, des décennies plus tard, les nazis mettront Louis Moreau Gottschalk au rang des compositeurs bannis du 3ème Reich.

54. Louis Moreau Gottschalk (1829-1869) meurt de fièvre jaune à Rio de Janeiro.

En dépit d'un succès fulgurant en France, en Suisse et en Espagne, Louis demeura sceptique quant aux conditions de la vie musicale dans quelques autres pays européens. Il ridiculisa le culte du génie musical, critiqua Franz Liszt qu'il trouvait « dévoré par sa soif de gloire ». Louis développa une relative aversion d'une certaine partie de l'Europe et plus exactement de l'Allemagne. Il ne devait

---

[7] Dans *Journal d'un pianiste*, page 33.

jamais y jouer, même si son père autrefois avait fait ses études à l'université de Leipzig. Étant donné que ses relations avec son père avaient été au mieux celles que l'on entretient en affaires, il ne souhaitait en aucune façon marcher dans les pas d'un homme qui avait attendu seulement de son fils qu'il soit un jour un partenaire, un collègue de travail ou son coffre-fort si son talent de compositeur lui apportait fortune et gloire.

Aimée retrouva un peu d'allant. Elle quittait enfin la maison pour emmener Louis découvrir ce que la Nouvelle-Orléans était devenue depuis son départ. Elle assista à l'un de ses concerts encensés par le public et la critique. Louis était revenu d'Europe en véritable héros triomphant. Les propositions affluèrent pendant les semaines suivant son arrivée. Il lui fallait accomplir son destin et mettre à profit l'expérience acquise. Il commença à donner des concerts à travers tout le pays et aussi au Canada avant d'aller à Cuba où il passa beaucoup de temps pour y découvrir une culture fascinante qui allait recentrer sa jeune carrière sur l'Amérique latine. Il était devenu le premier pianiste américain de renommé internationale.

Le départ de son fils pour sa tournée entama le moral d'Aimée. Sa lassitude sombra dans un abattement et la neurasthénie que la présence de ses enfants ne suffisait plus à contenir. Elle recevait des nouvelles des concerts de Louis qui lui faisait parvenir de l'argent, des fleurs et des petits souvenirs de ses passages aux quatre coins du continent, mais l'état dépressif généralisé avait à présent pris le contrôle de sa volonté de lutter. Lorsque l'annonce en 1856 que sa mère n'avait plus quitté le lit depuis plusieurs jours, Louis retourna à la Nouvelle-Orléans. Ses frères et sœurs l'attendaient déjà au pied de l'escalier qui le conduisit à la chambre d'Aimée. Un prêtre en sortit en silence. Il s'écarta pour le laisser entrer. Un faible sourire éclaira le visage pâle et amaigri de sa mère lorsqu'il franchit la porte. Il avança vers le lit, s'assit près d'elle et lui saisit les mains qu'elle avait posées sur un de ses livres préférés, *La peau de chagrin*, de Balzac.

L'ouvrage était ouvert à la page où il put lire ces fameuses lignes qui lui embuèrent le regard : « *Si tu me possèdes, tu posséderas tout, mais ta vie m'appartiendra* ». Louis osait à peine plonger ses yeux dans ceux de sa mère qui passa une main glacée sur sa joue. Elle n'avait que 41 ans, mais il semblait que le temps s'était joué d'elle depuis qu'il l'avait quittée deux ans plus tôt :

- Pardonnez-moi, mère. Je n'aurai jamais dû partir et vous laissez ainsi. Je regrette d'avoir été un fils absent pour la satisfaction de mes ambitions.

Aimée secoua lentement la tête. Sa respiration semblait laborieuse mais elle rassembla ses forces pour lui répondre dans un souffle.

- Ta vie t'appartient, mon Louis. Tu n'as pas à regretter d'avoir accompli ton destin. Je suis si fière. Ta présence résonne en moi comme une symphonie. Dis-le à tes frères et sœurs. Dis-leur que je vous aime tous et que je pars l'âme en paix…

La main d'Aimée s'éleva pour lui indiquer une lettre posée sur le petit secrétaire derrière lui et lui intima d'aller la chercher. Elle y avait consigné ses dernières volontés. Lorsque Louis revint près du lit, la main s'était reposée sur le livre, inerte et sans vie.

Après les obsèques, Louis reprit ses concerts. Sa notoriété était telle qu'il enchaînait ses prestations à un rythme épuisant, parfois jusqu'à trois concert par jour. En 1865, un journal de San Francisco mentionna qu'il avait déjà parcouru 150.000 kilomètres et donné mille concerts. Mais, un peu plus tard dans l'année, il fut contraint de quitter les États-Unis pour un scandale impliquant une jeune étudiante mineure du séminaire d'Oakland en Californie. Il ne devait plus jamais revenir dans son pays. Il entreprit alors une succession de prestations en Amérique du Sud. Sa santé s'était déjà détériorée. Il mourut à 40 ans des suites d'une crise de malaria le 18 décembre 1869 à Tijuca au Brésil. Il venait d'y interpréter une œuvre révélatrice de l'affection qu'il vouait à sa mère, témoignage poignant de la douleur de la séparation, une composition intitulée « Morte ! ».

Célestine, la sœur de Louis, indiquait dans son journal intime trouvé quelque temps après son décès à l'âge de 81 ans en 1914 :

« Le nom de maman était Aimée de Bruslé. Celui de papa, Edward Gottschalk. Il était né à Londres, étudia pour être docteur à Leipzig mais abandonna à l'âge de 25 ans et partit en Amérique où, en 1828, il se maria à notre mère à la Nouvelle-Orléans. Elle avait seulement 15 ans. En 1829, notre cher frère Moreau naquit. Il était comme on nous l'a toujours dit un très sage et délicat bébé, mais extrêmement beau ».

Il n'est pas surprenant que cette femme qui manqua cruellement de bonheur dans une vie qui pourtant ne devait que lui être favorable et prometteuse, s'était retranchée dans le réconfort de l'église et le secours de la musique. Quelque part son fils aîné avait accompli ce à quoi sa mère avait dû renoncer. La puissance de ses compositions et de ses engagements personnels et professionnels avait compensé la fragilité de sa mère.

Beaucoup restent convaincus que son esprit hante toujours ce sanctuaire des âmes et des cœurs tourmentés. Plusieurs témoins ont rapporté avoir deviné le visage d'une femme, vêtue d'une robe noire du plus beau style Empire, regardant intensément la nef depuis la loge de l'orgue. Son expression paraissait parfois livrer sa colère ou sa frustration, son désir de communiquer ses émotions. D'autres fois, elle donnait le sentiment de quelqu'un tentant de contenir ses larmes. En d'autres occasions, on pouvait presque deviner sa présence seulement trahie par ce qui ressemblait à des sanglots étouffés se propageant sous les arches de la cathédrale déserte renvoyant leur triste écho.

L'hôpital de la rue Chartres

Les cinq bâtiments qui forment à présent l'hôtel Provential ont leur propre histoire. Le lieutenant Louis Boucher de Granpré était le propriétaire originel du terrain sur lequel furent construits les deux premiers bâtiments situés sur la rue Chartres. Il avait reçu cette parcelle en 1725 pour services rendus auprès de sa majesté le roi Louis XV, arrière petit-fils du roi soleil et troisième fils du duc de Bourgogne.

55. Façade de l'hôtel Provential aujourd'hui.

Soixante-quinze ans plus tard, le terrain fut vendu au chevalier Jean Lavillebeuvre qui en devint le propriétaire entre 1780 et 1797. Deux familles, les Laurans et les Roques, achetèrent ensuite la propriété qu'elles développèrent tout au long du 19ème siècle. En 1903, les bâtiments furent cédés à des fins commerciales à la compagnie de fabrique de glace du marché français.

Quand un incendie détruisit les bâtiments, la famille Dupépé firent l'acquisition du terrain, rebâtirent sur les deux parcelles, et ouvrirent une version plus modeste de l'hôtel Provential en 1961. Forts de son succès et des profits réalisés, la famille acheta les propriétés en contrebas pour entreprendre une extension. Le terrain sur lequel se trouve maintenant le bâtiment 3 fut à l'origine un jardin d'herbes médicinales connu depuis la fondation de la ville. Il était la propriété du père Dagobert puis du père Antoine qui le vendit en 1820 parce qu'il était devenu trop âgé pour s'en occuper. L'hôpital militaire se trouvait un peu plus bas. Les nouveaux propriétaires y firent bâtir une agréable maison de ville avec des dépendances pour leurs esclaves. Pendant la guerre civile, les bâtiments servirent aussi d'hôpital pour les soldats confédérés.

En 1830, le bâtiment du bloc 4 était une boutique de style créole, l'espace d'habitation se situant au premier étage. Il resta un espace commercial pendant longtemps, devenant une quincaillerie par la suite. La famille Dupépé l'acheta également et l'aménagea en 1964 pour l'incorporer à l'hôtel Provential.

Le bâtiment du bloc 5 se trouve sur un terrain que la communauté des Ursulines possédaient depuis 1727 jusqu'en 1830. Un hôpital militaire y fut construit là. En 1831, Antoine Abat acheta l'ensemble pour le compte de Dominique Seghers, un avocat belge, qui fit abattre l'hôpital pour y faire construire deux grandes maisons. En 1848, ces demeures passèrent sous la coupe de Françoise Sambola qui en fit une pension de famille et un café. Là encore, les locaux furent utilisés pendant la guerre civile comme hôpital militaire. Mais ces maisons furent détruites par l'incendie de 1874. Un nouveau bâtiment fut reconstruit peu de temps après puis devint en 1916 le siège social de la compagnie agricole Reuter Seed. En 1960, la famille Dupépé fit l'acquisition de l'ensemble, le rénova pour l'intégrer à leur désir d'expansion de leur hôtel.

Beaucoup de soldats ont agonisé et succombé à leurs blessures dans ces bâtiments réquisitionnés par l'armée et transformés en hôpital militaire. La plupart des manifestations reportées émanent de ces bâtiments. Des entités qui n'ont pu s'acquitter de leurs souffrances physiques et morales seraient toujours présentes dans certaines de ces chambres.

Un soldat dans son uniforme médaillé aurait fait plusieurs apparitions dans une chambre située à l'arrière du troisième bâtiment. Aux dires des témoins, sa silhouette semblerait exprimer un cœur lourd et une âme en peine, comme s'il n'en n'avait pas fini avec les affaires d'un monde qu'il ne paraissait pas vouloir quitter. Une séance privée fut organisée dans cette chambre. Il répondit aux sollicitations en apparaissant sous une forme presque solide. Il tenta alors de s'exprimer en leur révélant ce qu'il avait sur le cœur. Un EVP, un phénomène vocal électronique, enregistra en cet instant son vœu implorant les vivants réunis dans la pièce de dire à sa fiancée Diane qu'il lui fallait partir. Un autre enregistrement effectué par un autre enquêteur du paranormal rapporta des détails supplémentaires supportant le premier contact. Il se trouva que Diane en aimait un autre. Il était donc temps pour lui de quitter les lieux.

Mais tout n'était pas obscurité, morosité et infortune. Le soldat avoua se distraire parfois en écoutant la radio ou la télévision que les occupants de passage allumaient parfois. Il se découvrit une passion pour le rock. Lorsque les clients choisissaient de se brancher sur une station qui offrait un autre style de musique, qu'elle n'était pas alors leur surprise, puis leur malaise, de constater que, après être passés par la salle de bain ou de retour du restaurant ou d'une ballade en ville, la radio était branchée sur une station qui jouait de nouveau des airs de rock and roll.

Une seconde chambre a fait aussi l'attention des enquêteurs du paranormal. Le corps désincarné d'un soldat portant un uniforme kaki hanterait les lieux. Il aurait même manifesté un goût prononcé pour la musique country et se serait présenté sans vergogne à plusieurs locataires, leur jetant un regard direct avant de disparaître aussitôt. Cette entité aurait montré des signes d'une évidente sociabilité. Des occupants de cette chambre avaient exprimé l'impression d'avoir été surveillés et avaient fait l'expérience d'emplacements anormalement froids.

Le bâtiment 5, dernier ajout à l'hôtel, serait le théâtre d'activités paranormales relativement fréquentes. Au premier étage, des témoins auraient entrevu l'espace d'une fraction de seconde des scènes d'hôpital pendant ce qui leur semblait la guerre civile, la plupart du temps au moment de l'ouverture des portes de l'ascenseur. Images qui aux dires des spécialistes seraient le résultat d'énergie résiduelle attaché aux lieux fortement imprégnés par la douleur, la souffrance et la mort.

Des locataires et du personnel d'entretien ont remarqué parfois des tâches semblables à des éclaboussures de sang se former sur la moquette ou les parements de lit puis s'évaporer dans la seconde suivante. Des silhouettes de docteurs et de soldats blessés se sont rendus visibles en de maintes occasions, parfois même faisant mine d'avancer vers les témoins comme pour réclamer leur aide. Des gémissements et des râles troubleraient quelquefois les nuits des clients pensant, l'espace d'un moment, que les sons provenaient d'une chambre voisine avant de réaliser qu'ils émanaient de la pièce même où ils tentaient de trouver le repos…

Miracle au couvent

L e couvent des Ursulines est le plus vieux bâtiment dans toute la vallée du Mississippi et l'un des rares édifices de la colonie française qui ait survécu aux incendies et aux reconstructions.

56. L'édifice voit le jour en 1745 sur la rue Chartres.

Quelques années après avoir transféré la capitale de Louisiane de Mobile à la Nouvelle-Orléans, le gouverneur Bienville prit la décision de faire venir des nonnes pour assurer l'éducation des filles de la jeune colonie. Une école de garçons y fonctionnait déjà sous la férule du père Cécile qui enseignait dans une bâtisse adjacente du monastère non loin de l'église paroissiale. Ayant demandé conseil au père Beaubois de l'ordre des Jésuites, il fut avisé de contacté le couvent des Ursulines de Rouen avec l'accord du roi Louis XV. Il revint à la mère supérieure Marie Tranchepain de Saint Augustin la mission de former son équipe au début de l'année 1727. Et c'est sous une météo exécrable et des routes de campagne boueuses et chaotiques que douze nonnes arrivèrent à Lorient pour embarquer à bord de *La Gironde* en compagnie de quelques frères jésuites. Le voyage commencé à Paris prit fin sept mois plus tard à la Nouvelle-Orléans. Le navire avait essuyé plusieurs tempêtes sur l'océan, traversé les Antilles et les Caraïbes infestés de pirates, remonté le Golfe du Mexique qui n'était pas moins épargné par les écumeurs des mers de tout gabarit, pour finalement remonter le Mississippi jusqu'au port de la jeune capitale coloniale. Tout l'équipage et ses passagers étaient épuisés par des conditions extrêmes. Ils avaient été forcés à boire une eau rancie améliorée par quelques gouttes de vin, à manger des vivres rationnés au goût douteux qui occasionnaient après leur stockage de plusieurs mois en fond de cale quelques soucis gastriques et intestinaux. Ils découvraient à présent un monde qui n'avait plus rien à voir avec celui qu'ils avaient laissé derrière eux, un univers sauvage peuplé de créatures inconnues et habité par des indigènes à moitié nus aux coutumes étranges qui se déplaçaient en pirogue. Pourtant, à la lecture des lettres destinées à son père habitant à Rouen et du journal que tenait la jeune novice Marie-Madeleine Hachard, le moral restait au beau fixe en dépit de la chaleur accablante qui les accueillait en ce jour de leur arrivée, le 7 août 1727 :

« C'est très beau ici, bien construit et planifié de belle manière. Les rues sont rectilignes et larges. Les habitations sont habillées de bois, les toits supportés par des piliers blanchis. Les colons chantent que leur ville est aussi belle que Paris. Mais j'y trouve une différence, moi qui en viens. En vérité, à l'exception d'un espace ouvert autour de l'église, la ville était entourée de bois plutôt denses dont certains arbres culminent à une hauteur prodigieuse. Les quartiers et les rues dessinés par l'ingénieur La Tour restent encore pour une bonne part à l'état de projet sur plan. »

57. Le débarquement des Ursulines en 1727 par Paul Poincy, inspiré par un dessin réalisé par Marie-Madeleine Hachard lors de son arrivée.

Marie-Madeleine Hachard saisit son journal et y dessina au crayon ce qui constitue aujourd'hui l'une ou la représentation la plus ancienne de l'époque, le moment historique de leur débarquement sur ces terres qui allaient devenir leur nouvelle patrie. Ils furent accueillis par Bienville et plusieurs autres notables. Plus tard, Marie-Madeleine reprit son dessin pour en faire un agrandissement plus raffiné qui sera lui-même reprit par le peintre Paul Poincy beaucoup plus tard. Marie-Madeleine est reconnaissable par la haute coiffe de novice qu'elle porte sur la tête et par son chat qu'elle avait emporté avec elle. Elle finit par prendre le voile pour se dévouer corps et âme à sa mission jusqu'à l'heure de sa mort, plus de trente ans après son arrivée dans le Nouveau Monde. Elle ne cessa jamais de renseigner son journal précieusement conservé par le couvent comme pièce unique d'une époque révolue et mal connue. Madeleine fut une nonne dévouée, généreuse et à l'esprit vif qui fit d'elle le fleuron de son ordre. Son tempérament enjoué se révèle tout au long des pages de son journal et semble avoir soudé autour d'elle un élan de solidarité et d'optimisme qui firent de ces Ursulines d'authentiques pionnières armées de bravoure et motivées par une foi inébranlable.

En attendant que le couvent soit achevé, le gouverneur leur offrit l'hospitalité de sa demeure qui comportait un étage dont le toit plat servait de terrasse et de belvédère. C'était la résidence la plus cossue de la colonie, située entre la rue Royal et Chartres (qui s'appelait Condé à l'époque), sur la voie qui porte toujours son nom : la rue Bienville. Depuis la galerie supérieure, les nonnes avaient tout le loisir de découvrir les charmes troublants de la faune et de la flore locale : les marais couverts de cyprès, de cèdres, de chênes verts et d'essences exotiques, les bayous infestés de reptiles et d'oiseaux de toutes sortes, et le grand fleuve indompté qui passait au sud de la petite communauté.

Les sœurs s'attelèrent très vite à éduquer les enfants, soignant les nombreux malades dans les maigres rangs de leurs concitoyens, mais aussi chez les tribus indiennes qui vivaient à proximité et également parmi les gens de couleur. Madeleine Hachard faisait les louanges de la docilité des plus jeunes, trouvait que les noirs pouvaient être instruits une fois qu'ils avaient appris à parler le Français, mais éprouvait une certaine appréhension à l'égard des natifs de par leur propension à vénérer des animaux et des créatures imaginaires à travers des rites inquiétants.

Il fallut sept ans avant de voir achevé la construction du couvent qui s'éternisait par manque de moyens promis par la Compagnie des Indes. La mère supérieure Marie Tranchepain décéda le 11 novembre 1733 sans avoir pu découvrir le couvent flambant neuf dont l'inauguration eut lieu en grande pompe le 13 juillet de l'année suivante.

58. Plan de la façade orientée vers les quais en 1734 avant le grand projet de rénovation de 1745.

La procession débuta après la bénédiction du père Philippe assisté par deux autres prêtres. Les nonnes fermaient le cortège en portant des cierges et tout en chantant des cantiques. Après un arrêt à l'église Saint Louis afin d'y célébrer une messe appropriée pour l'événement, la procession s'acheva au couvent où les sœurs purent prendre leur quartier dans un édifice qui sentait le bois et la peinture fraîche. Le rez-de-chaussée était composé d'une chapelle, de deux parloirs, d'un bureau pour la mère supérieure, d'un réfectoire pour les sœurs et un autre pour les pensionnaires, d'une cuisine et de salles communes. À l'étage se trouvaient les dortoirs, l'infirmerie, la sacristie, les vestiaires, la buanderie et la lingerie. Le niveau supérieur était occupé par les orphelins et le reste se déclinait en plusieurs salles de classe pour l'instruction des femmes de couleur et des natives. Les Ursulines allaient vivre dans cet environnement pour les quatre-vingt-dix prochaines années. Seulement, l'humidité, la chaleur et les intempéries finirent par endommager la structure même du couvent. Il fallut le reconstruire à partir de 1745 et ce pendant six ans tout en permettant aux Ursulines de continuer de fonctionner dans une partie de leurs locaux lorsqu'une section était démantelée pour la rebâtir de manière plus durable. L'entreprise fut un succès d'importance puisque l'édifice n'a plus été modifié depuis 1751.

Durant la guerre de 1812 contre les Britanniques, plusieurs salles de classe furent transformées en centre de soins pour les malades et les blessés des deux camps. Les nonnes avaient pris l'habitude aussi de soigner les patients atteints de malaria et de fièvre jaune, y compris dans la population des esclaves. En 1821, elles firent bâtir un couvent plus spacieux. L'ancien bâtiment de la rue Chartres devint un lieu de législature pour les représentants de l'état qui avaient vu disparaître leur édifice officiel dans un incendie. Puis l'ancien couvent fut offert à l'archevêque comme résidence privée.

Les nonnes avaient ouvert une école dès 1727 afin d'éduquer les filles des riches familles créoles. Micaela de Pontalba fut l'une de leurs élèves. Cette école existe toujours bien que relocalisée dans le quartier huppé de Uptown et portant le nom d'Ursuline Academy. Elles éduquèrent également des jeunes filles indiennes et noires américaines dans des classes qui leur étaient réservées. Pendant cette période, la sœur François Xavier devint la première pharmacienne du Nouveau Monde.

C'est ici que commença la légende de la patronne de la ville, Notre Dame de Bon Secours, « our Lady of Prompt Succor » en anglais. Lors du grand feu qui ravagea 850 maisons le 21 mars 1788 en menaçant de détruire le couvent, sœur Saint Antoine, l'une des plus âgées des nonnes, se précipita dans les escaliers avec la statue de la Vierge. Sous la vigilance de la mère supérieure, elle plaça la statuette sur le rebord de la fenêtre faisant face à l'incendie dévastateur, s'agenouilla puis pria avec conviction et dévotion. C'est au même instant que le vent vira et que les flammes furent soufflées en arrière, laissant le couvent et cette partie de la ville intacts. Un véritable miracle venait de s'accomplir...

La maîtresse macabre

Depuis près de deux siècles, la maison Lalaurie est toujours considérée comme le lieu le plus mystérieux et le plus effrayant du Vieux Carré.

59. La résidence Lalaurie en 1905.

Née le 19 mars 1787, Delphine Macarty était la fille d'un officier irlandais aristocrate enrôlé dans l'armée coloniale française. Louis Barthélémy de Macarty embrassa, comme son père avant lui, la carrière militaire et fut nommé chevalier. En 1776 il épousa Marie Jeanne L'Érable, veuve de Charles Lecomte, négociant et capitaine de navire. Elle appartenait à la communauté blanche créole. Leur nom était respecté et sa famille exerçait une influence notable dans toute la région. Le cousin de Delphine, Augustin, fut d'ailleurs le maire de la ville de 1815 à 1820. Son frère Louis vit le jour deux ans avant elle, en 1783. Les documents relatifs à la vie de famille de ce jeune couple installé sur leur plantation située au nord de la ville, aujourd'hui derrière l'avenue Saint Claude, proviennent de lettres d'un membre de la famille par alliance, Joseph Delfau de Pontalba qui avait épousé une cousine de Delphine, Jeanne Louise. Il mentionnait fréquemment ses parents et évoquait surtout le caractère vif et exubérant de sa mère. Il leur rendait visite à l'occasion des fêtes organisées à leur plantation.

Delphine grandit dans un climat particulier : Les fréquentes épidémies, les tentatives d'insurrection d'esclaves, les révoltes à Saint Domingue et l'acceptation des femmes mariées de vivre la cohabitation à distance avec les maîtresses métissées de leurs époux volages. Plusieurs de ses oncles et cousins fréquentaient des femmes de couleur libres. C'était une pratique courante qu'il lui fallait accepter d'autant plus que son propre père eut une liaison avec une quarteronne libre peu avant le décès de son épouse en 1807. Il reconnut la fille de Sophie Mousante qui fut baptisée Delphine Emesie Macarty. Delphine et son frère Louis devinrent respectivement marraine et parrain.

En dépit des avantages de grandir au sein d'une famille aisée, Delphine souffrait de voir ses parents se disputer puis de vivre séparés. Considérant qu'une fille de sa condition était généralement mariée entre 15 et 18 ans, le fait qu'elle fréquentait un riche veuf espagnol fraîchement débarqué à la Nouvelle-Orléans et âgé de 35 ans alors qu'elle en n'avait que 13, avait de quoi alimenter les ragots les plus divers dans les lieux publics qu'ils soient respectables ou mal fréquentés. Il est vrai qu'à l'époque, il n'était guère recommandé de trop tarder à marier ses filles. Sachant que la coutume voulait qu'une jeune fille mariât un homme ayant le double de son âge, les possibilités d'un mariage avec un célibataire s'amenuisaient. La liste des veufs plus ou moins décatis par l'expérience et une vie déjà bien longue pour l'époque se limitait à quelques prétendants potentiels. Quand tout le monde jetait sur elle le regard attendri que l'on porte à une jolie et frêle petite fille, la communauté vacilla dans ses traditions lorsque fut annoncé qu'elle avait trouvé chaussure à son pied. Delphine allait bientôt quitter le giron familial. Elle fut mariée à Don Ramon de Lopez y Angulo en 1800. Officier haut gradé de la couronne espagnole, il était contraint de voyager régulièrement et brillait par son absence. Lorsqu'il fut nommé consul général du territoire, il dut se rendre en Espagne. Delphine fit le voyage avec lui. Mais lors d'une escale à Cuba, il fut retrouvé mort à la Havane le 26 mars 1804. Delphine qui venait de mettre au monde son premier enfant pendant le voyage, prit le deuil à 17 ans. Elle retourna à la Nouvelle-Orléans.

Enrichie par la fortune de son mari défunt, avec une fille à élever seule, elle retrouva pendant un temps ses activités de jeune femme débarrassée des charges qui lui incombaient en tant qu'épouse. Comme la tradition le voulait dans les familles aisées, la petite Marie Delphine Francisca Borja, surnommée Borquita, fut confiée aux soins d'une nourrice attentionnée et dévouée. Le veuvage de sa mère prit fin quand sa famille commençait à perdre tout espoir de la revoir un jour mère de famille et épouse rangée. Borquita pouvait succomber à une maladie et Delphine se retrouverait sans héritier. Cependant, quatre ans après la disparition de Don Ramon, en 1808, elle épousa en secondes noces le marchand d'esclaves Jean Blanque. Il était aussi un banquier réputé, un commerçant, un homme de loi et un législateur. Le couple s'installa dans une maison de briques avec étage au 409 de la rue Royal, à l'angle de Conti. Elle se retrouvait alors, en l'absence de son mari affairé à faire son commerce de main d'œuvre profitable, la plantation qu'il possédait sur les berges du fleuve et sur laquelle travaillaient 26 esclaves. Entre deux voyages, Jean Blanque n'oubliait pas de lui faire un enfant pour assurer la lignée. Delphine eut trois filles et un garçon. Jean Blanque était un homme d'affaires fortuné. Mais l'argent fait peu de poids dans un monde soumis aux adversités les plus diverses. Il mourut en 1816, quatre ans seulement après son mariage.

Les rumeurs se concentrèrent à nouveau sur Delphine et son étrange destin de veuve infortunée, maudite par les aléas de la vie, mais de plus en plus riche, et toujours privée d'une vie de famille stable. Les années passèrent à s'occuper des affaires héritées de ses deux précédents mariages puis, contre toute attente, commença à fréquenter le bon docteur et jeune Louis Lalaurie. Il avait étudié la médecine à la Sorbonne et débarquait à la Nouvelle-Orléans pour y faire fortune. Il était arrivé au milieu de cérémonies et de galas fastueux car durant ce même mois d'avril 1825 le marquis de Lafayette séjournait en ville. Le général résidait au Cabildo pour quelque temps avant de reprendre sa tournée à travers le pays. La salle capitulaire fut aménagé à son intention afin qu'il puisse recevoir les délégations qui se succédaient au cours de ces cinq jours de visite.

Louis fit la connaissance de Delphine alors qu'elle était venue en consultation pour la scoliose de sa fille. Peu de temps après, elle se retrouva enceinte, donna naissance à un fils, Jean Louis qui fut emporté par la maladie alors qu'il n'avait que deux ans. Beaucoup de mauvaises langues avaient ouvert les paris sur le fait que ce mariage ne durerait pas. D'abord, Louis était beaucoup plus jeune que Delphine, ce qui faisait jaser toute la communauté bien pensante de la ville. Il était dit que Louis n'avait apporté que deux mille dollars dans l'escarcelle du couple, alors Delphine avait une fortune personnelle estimée à 66 mille dollars. Est-ce que cette union pouvait tenir dans ces conditions ? Tout le monde attendait les quatre années fatidiques. Delphine semblait surmonter avec dignité les ragots qui la disaient frustrée. D'autres prenaient la défense de ce pauvre docteur qui devait supporter la présence des enfants de sa femme nés de deux précédents maris. En dépit des rumeurs qui circulaient, en 1831, elle et son troisième époux firent construire une maison au 1140 de la rue Royale sur un terrain acheté à Edmond Soniat DuFossat. Ils s'y installèrent en début d'année suivante avec deux des filles du défunt Jean Blanque, les deux autres enfants n'ayant pas survécu aux épidémies et maladies qui décimaient la population de la ville. Sa fille aînée, Borquita, était à présent mariée et mère de famille. Le mauvais sort semblait enfin rompu et le couple montrait les signes d'une union réussie au point de faire taire les derniers ragots remplacés par les commentaires d'admirateurs de plus en plus nombreux. Pourtant, des lettres de leur voisin Jean Boze expédiées à des amis résidant en France, relatent que leur ménage n'était pas heureux, qu'ils se disputaient, vivaient parfois séparés, se réconciliaient et ainsi de suite.

La vaste demeure se caractérise par une façade nord austère agrémenté de balcons de fer forgé stylés selon la technique espagnole, mais l'intérieur était raffiné et devint très vite le siège de nombreuses fêtes aristocratiques et d'événements sociaux huppés. Madame Lalaurie savait parfaitement s'occuper des affaires familiales mais aussi des affaires tout court, avec, tout le monde y consentait, un certain panache. Ses filles étaient connues pour être les mieux habillées de toute la ville. Pour ceux qui avaient la chance de compter parmi les invités des parties données dans la maison, qu'elle n'était pas leur surprise de découvrir un intérieur majestueux. Les portes en bois d'acajou étaient sculptées à la main et représentaient des fleurs et des visages gracieux. Les portes s'ouvraient sur des salons lumineux éclairés le soir tombé par une succession d'énormes chandeliers au gaz. Les invités dînaient alors dans de la porcelaine française, dansaient sur des tapis persans et se reposaient sur des soies orientales importées à grands frais. Intelligente et d'une beauté certaine, elle savait prodiguer toutes ses attentions à ses invités qui ne cessaient de parler d'elle en bien. Delphine Lalaurie se hissa sans trop d'efforts à la tête des notables de la ville. Elle avait l'argent, le pouvoir, le talent, un standing de vie digne des grands princes du vieux continent. Tout le monde la considérait comme appartenant à l'élite restreinte de la haute société de la ville. Mais lorsqu'on atteint les hautes sphères d'une position enviée, on devient alors la cible des jaloux et le sujet privilégié des commérages des envieux.

60. Delphine Macarty Lalaurie (1780-1849) décède à Paris des suites d'un accident de chasse au sanglier dans la région de Pau.

Beaucoup de ces femmes créoles aisées jalousaient sa joie de vivre et sa prospérité. Elles ne manquaient pas une opportunité pour l'épingler en société, de la calomnier entre deux portes, elle plus encore que son mari beaucoup plus discret. Elles n'avaient pas vraiment tort. Delphine Lalaurie menait une double vie. D'un côté celle d'une honnête et riche femme respectée, mariée à un pilier de la communauté, organisant des fêtes mondaines, de l'autre, celle d'une créature sadique maltraitant les esclaves et les domestiques, se rendant coupable de tortures et de mutilations atroces. Ces deux mondes furent appelés un jour à entrer en conflit après qu'un incendie se déclarât dans la cuisine. L'incident dramatique mit à jour ce qu'elle faisait subir à ses esclaves.

Delphine fut la propriétaire d'au moins 54 esclaves entre 1816 et 1834, date à laquelle elle dût fuir la Louisiane. Des rumeurs commencèrent à circuler que Madame Lalaurie, en dépit de ses apparences délicates et éduquées, était une femme entêtée et brutale, qu'elle passait ses sautes d'humeur effroyables sur les êtres les plus démunis à son service, ses esclaves. Elle en possédait une bonne douzaine qui œuvrait chaque jour à son service, mais elle en faisait une consommation faramineuse. Régulièrement, elle se procurait de nouveaux domestiques sans que leur nombre augmente de façon notoire. Selon l'avis de certains, il semblait qu'elle remplaçait son personnel à mesure qu'elle en abusait. Elle se montrait intransigeante et mettait à profit un système social et juridique souvent laxiste. La plupart des propriétaires traitaient leurs esclaves comme un investissement. Il leur semblait d'ailleurs naturel de faire fructifier cette dépense souvent coûteuse en prodiguant à leur personnel un minimum d'attention afin qu'il soit rentable. En retour, les maîtres escomptaient une fidélité à toute épreuve et un dévouement inconditionnel. Le malheureux qui outrepassait les règles faisait face à des châtiments peu enviables comme le fouet, les privations et les mutilations. Leur maître avait comme au temps de la féodalité européenne, droit de vie et de mort sur leurs esclaves.

En revanche, à la Nouvelle-Orléans, une loi interdisait les mauvais traitements aux esclaves. S'il était avéré après enquête qu'un maitre faisait subir des punitions cruelles à un esclave, le propriétaire se voyait retirer son personnel qui était alors revendu aux enchères. Dans le cas de Delphine Lalaurie, les mauvais traitements allèrent bien au-delà de la cruauté. Afin de contrevenir à la loi, elle avait trouvé le moyen de se débarrasser aussi discrètement que possible de ceux qui ne lui donnaient plus entière satisfaction.

En 1828, de nouvelles rumeurs enflammaient le voisinage. Une fois encore, Jean Boze en fit état dans un courrier envoyé à un ami, évoquant le « traitement barbare » qu'elle faisait subir à son personnel de maison. Delphine Lalaurie les enfermait des jours entiers en ne leur procurant que ce qui leur permettait de survivre aux privations. Il ajoute ensuite qu'elle fut l'objet d'une enquête judiciaire, passa devant un juge, mais fut disculpée en l'absence de preuves établies, la déclaration d'un esclave n'ayant aucune valeur. Au moins deux auteurs réputés pour la véracité de leurs œuvres évoquèrent également des plaintes portées en justice auxquelles aucune suite ne fut donnée. Il était dit que les esclaves de Madame Lalaurie avaient parfois un regard hagard qui faisait pitié, qu'elle punissait ses filles si elles tentaient de donner à manger à un domestique sous le coup d'un de ses nombreux châtiments.

En 1833, un voisin résidant sur Royal Street jura solennellement avoir vu Madame Lalaurie pourchasser une jeune esclave d'une douzaine d'années avec un fouet de cuir, forçant la petite camériste à basculer par dessus la rambarde du balcon supérieur sur la rue Royal, causant ainsi sa chute. Elle avait peut-être arraché un cri de douleur à sa maîtresse en lui brossant ses longs cheveux noirs, ou tâché par inadvertance la robe immaculée de sa propriétaire en lui versant son thé. Toujours est-il qu'elle devait en payer le prix. Le voisin avança pour secourir la petite. Au moment où il lui restait quelques pas à faire pour se trouver à ses côtés, la porte d'entrée s'ouvrit et deux domestiques se ruèrent sur elle. Son petit corps inerte fut rapidement emmené par deux palefreniers qui retournèrent dans la maison en refermant la porte au nez du voisin trop curieux qui n'eut même pas le temps de laisser échapper un mot. Il rentra chez lui, s'occupa de quelques documents relatifs à son activité professionnelle et oublia l'incident. Après tout, la gamine était entre de bonnes mains. Le bon docteur Louis s'en occuperait dès son retour.

Quelques heures plus tard, le voisin en question s'affairait à l'étage de sa demeure. Depuis une des fenêtres donnant sur la propriété des Lalaurie constituée d'une cour intérieure et d'un vaste jardin aujourd'hui occupé par trois habitations construites bien après les événements de 1834, il put deviner que deux hommes de couleur s'activaient à finir de piétiner la terre fraîchement remuée derrière un cyprès. C'était les mêmes domestiques qui avaient porté la petite esclave tombée du balcon et qui remisaient à présent leurs outils de jardinage dans l'abri non loin de là. Comprenant parfaitement qu'il fallait qu'un esclave justifie son coût par des occupations constantes et diverses, il ne fit aucun rapprochement avec l'incident qui l'avait incité à sortir de chez lui quelques heures plus tôt.

D'autres rumeurs circulaient à propos de la propension de Delphine Lalaurie à enchaîner par la cheville sa jeune cuisinière de 17 ans au fourneau de la cuisine. On répandait aussi la bruit que beaucoup de domestiques et de garçons d'écurie disparaissaient sans explication, mais que le pire restait encore à découvrir derrière la belle façade de cette demeure si cossue.

Les insinuations, les ouï-dire et les demi-vérités se propageaient dans les salons de ses concurrentes. Bientôt des réguliers déclinèrent ses invitations et les fêtes commencèrent à manquer de l'éclat d'antan par manque de convives. Les rumeurs prirent une tournure nouvelle le 10 avril 1834 lorsque la maison fut la proie des flammes. L'incendie avait été provoqué délibérément par la domestique qui était régulièrement enchaînée au fourneau afin qu'elle soit en mesure de se consacrer pleinement à sa fonction. Sa maîtresse se montrait intransigeante. La jeune esclave n'avait pas d'autre alternative que de donner le meilleur d'elle-même et de contenter les convives à table. Si elle remplissait sa mission quotidienne, elle pouvait retrouver le chemin de sa chambre en fin de journée. Dans le cas contraire, elle devait dormir sur place en attendant le lendemain afin de pouvoir réparer l'erreur commise et satisfaire les exigences de sa maîtresse. Les contraintes lui étaient devenues insupportables et elle avait alors prévu d'en finir une fois pour toutes avec sa condition d'esclave martyrisée. La brigade de pompiers arriva sur les lieux tandis qu'une foule se rassemblait autour de la maison. Des journalistes du journal local, L'Abeille de la Nouvelle-Orléans, vinrent aussitôt grossir les rangs des badauds, griffonnant des notes au fil des événements qui se précipitaient.

Dans l'excitation du moment et les questions insidieuses des journalistes, beaucoup de spectateurs anonymes prirent les devants et se présentèrent comme témoins souvent très inventifs des conditions horribles dans lesquelles vivaient certains des esclaves découverts dans les ruines fumantes de ce qui fut une demeure luxueuse. Il fut état de faits incroyables sur le recours à toutes sortes d'atrocités et de mutilations : nez et oreilles coupés, des langues arrachées et des yeux sortis de leur orbite, des flagellations sadiques et des opérations chirurgicales atroces, toutes ces tortures étant attribuées à une seule et même personne, Delphine Lalaurie.

La résidence tant estimée devint la maison des horreurs.

Lorsque les pompiers éteignirent le feu avant qu'il ne se propage à toute la maison, ils inspectèrent les lieux à la recherche de victimes ou de blessés. Il fallait aussi sonder les planchers et les murs afin de déterminer si le feu ne s'était pas frayé un passage dans le vide des cloisons, des sols et des plafonds. C'est dans le vaste grenier aménagé en bureau qu'ils découvrirent dans la tapisserie une ligne sombre rectiligne, une fissure régulière caractéristique d'une porte dérobée sans serrure ni poignée. Elle était verrouillée par un système astucieux de loquet intérieur actionné par un objet fin qu'il fallait glisser dans la fente pour le relever. N'ayant pas découvert le moyen d'ouvrir ce passage, ils optèrent pour la méthode la plus rapide et forcèrent la porte avec une hache. La pièce derrière était plongée dans l'obscurité la plus complète. Les fenêtres existantes ayant été condamnées par une série d'étagères surchargées. Le temps que leurs pupilles se dilatent et s'adaptent à l'obscurité fendue par le rai de lumière de la porte ouverte, ils découvrirent deux longues tables placées en parallèle au milieu de la pièce. Sur ces tables, des instruments de chirurgie. Quoi de plus normal après tout, quand le maître de maison exerce le fascinant métier de docteur…

En pénétrant plus avant, ils purent enfin deviner la série d'étagères croulant sous des récipients, des bocaux et des instruments d'une diversité incroyable. Dans les bocaux, un liquide. Dans le liquide, de la matière organique ressemblant étrangement à des organes humains. L'œil était à présent adapté à l'obscurité et ils trouvèrent de part et d'autre de la pièce une demi douzaine de corps dans un état alarmant, tous enchaînés, certains ne paraissaient plus de ce monde, d'autres semblaient s'accrocher au peu de vie qu'ils leur restaient. Tous étaient bâillonnés. Deux esclaves étaient confinés dans des cages à chien. Des membres amputés étaient éparpillés un peu partout dans des récipients. Des ossements étaient posés sur des étagères près desquelles se trouvait une collection de fouets de cuir et de pagaies dont l'usage était destiné à des activités qui n'avaient rien de nautiques. Tout cela dépassait l'entendement et les pompiers allaient de surprises choquantes en découvertes traumatisantes.

D'après le journal *L'Abeille*, toutes les victimes avaient été trouvées nues. Afin d'accroître les ventes du quotidien, la description des victimes alla bien au-delà de ce que furent les conditions dans lesquelles les pompiers et la police découvrirent une partie du personnel des Lalaurie. Réalité et fiction furent intimement mêlées. Des femmes auraient eu leur ventre tranché et vidé de leurs intestins. La bouche d'une autre avait été cousue avec quelque chose à l'intérieur que le médecin légiste identifia plus tard comme des excréments d'animaux. Les hommes étaient dans des états encore plus horribles. Leurs ongles avaient été arrachés, les yeux retirés de leur orbite, et les organes génitaux tranchés. Un autre homme qui ne paraissait pas avoir plus de 25 ans pendait par des chaînes avec une tige de bois sortant d'un trou pratiqué au sommet de la tête comme si on avait cherché à mélanger sa cervelle à l'intérieur même de la boîte crânienne.

Il fut conclut que les tortures administrées n'avaient pas été orchestrées pour une mort rapide. Les bouches avaient été fermées selon divers moyens extrêmes et les mains clouées ou cousues au corps des victimes. Certains semblaient avoir séjourné ici depuis longtemps. Les cris étouffés avaient du remplir l'espace du grenier depuis des mois et peut-être même des années si les cadavres les plus abîmés avaient été retirés pour faire de la place aux nouvelles victimes de ses sévices innommables. Combien avaient imploré d'être tué pour mettre un terme à leur martyr ?

C'en était trop pour les pompiers qui prirent le large après l'inspection du reste de la vaste demeure à l'atmosphère devenue subitement plus étouffante encore que l'odeur de bois et de matériaux carbonisés par l'incendie. Ils convoquèrent plusieurs médecins de l'hôpital de la charité sur les lieux. Leur empressement à sortir les dépouilles mutilées ôtèrent toute chance d'investigation ordonnée. Et en l'absence de pièces d'identité et de registres, le nombre des victimes resta dans une incertitude peut-être souhaitée par les autorités. Le plus atroce fut qu'il fut trouvé deux victimes laissées aux portes de la mort, deux femmes qui n'avaient pas renoncé encore à la vie en dépit de leurs mutilations. L'une avait été privée de ses avant-bras et l'autre tentait de respirer malgré une grande partie de ses côtes brisées et replacées de façon anormale dans la cage thoracique. Dépêchées à l'hôpital, elles ne survécurent pas au traumatisme.

Il va sans dire que les rapports établis à la maison des Lalaurie furent les plus atroces de tous ceux que la ville avaient connus depuis sa fondation. Et il ne fallut pas longtemps pour que les rumeurs gagnent les quatre coins de la cité. Ces actes de barbarie furent attribués à Delphine Lalaurie seule, bien qu'on suspectât fortement son époux, le bon docteur, d'avoir fermé les yeux sur les activités secrètes de sa femme dont il ne parvenait pas à réprimer les pulsions destructrices.

En retournant aux sources mêmes de ce jour tragique aux allures apocalyptiques, de multiples récits embellis, enrichis et épicés à souhait pour le goût du lecteur, du voisinage et des commerçants peu scrupuleux de la véracité des faits, complétaient l'intervention des détracteurs de Delphine Lalaurie qui aidèrent à l'occasion à précipiter sa chute dans l'enfer de la diffamation la plus spectaculaire. Au milieu de ce fatras d'informations contradictoires, il fut retrouvé quelques déclarations de témoins oculaires avérés, qu'ils soient pompiers, policiers, médecins ou journalistes consciencieux. Lorsqu'un juge qui résidait non loin de la maison Lalaurie ordonna que furent forcées les portes du quartier des esclaves, un enquêteur trouva plusieurs victimes en vie couvertes de cicatrices anciennes et plus récentes, leurs corps bardés de chaînes. Le journal *L'Abeille* qui offrait à présent l'édition en anglais traduite sous le nom de *The Bee* à destination du lecteur américain, mentionna la découverte de sept esclaves plus ou moins mutilés de manière horrible, suspendus par le cou, leurs membres étirés et vrillés jusqu'au point de rupture. Le journal *The Courier* décrivit un esclave mâle au crâne percé d'un trou pratiqué par un instrument de trépanation et couvert de vermine.

Juste après que les pompiers eurent quitté la maison en fin d'après-midi et que la foule dispersée par la police ne commence à se rassembler de nouveau autour de la maison, les Lalaurie, qui avaient rendu visite à des amis résidant non loin de chez eux, profitèrent de la confusion générale. Empruntant un passage aménagé au fond de la propriété, ils parvinrent à s'introduire chez eux pour rassembler quelques affaires de voyage, leurs papiers, des documents, tous les bijoux ainsi qu'une confortable somme d'argent. Le visage dissimulé par l'obscurité de la nuit naissante, ils retournèrent à leur voiture attelée en stationnement dans une rue parallèle. Maintenus par un cordon de miliciens assermentés par le juge, la foule agglutinée criait vengeance à présent que les liens se faisaient avec les incidents connus depuis deux ans : la valse des domestiques, la chute de la petite cameriste, les visages révélateurs du personnel de maison, l'achat régulier de nouveaux esclaves et l'absence de ventes de ceux qui n'étaient plus vus au service des Lalaurie. Certains apportaient maintenant des cordes pour un lynchage spontané. C'est alors que des témoins surprirent un attelage en train de quitter une cour intérieure voisine. La berline s'éloigna des badauds amassés devant l'entrée principale de la rue Royal, s'engagea dans la rue transversale avant de prendre de la vitesse dans le vacarme des roues heurtant le pavé et du claquement des sabots des chevaux martelant le sol. Une fois parvenue au bout de la rue de l'hôpital, la berline vira à droite, disparue et personne ne revit jamais plus les Lalaurie en ville.

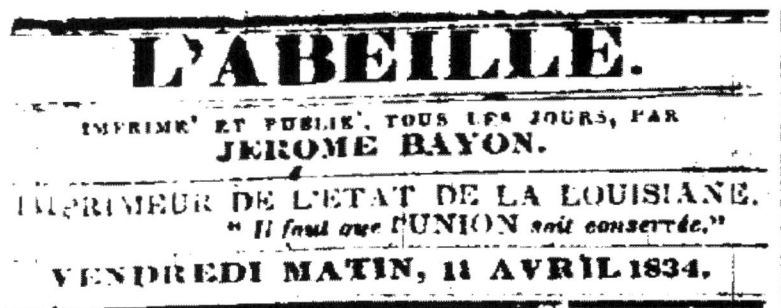

61. Extraits du quotidien *l'Abeille* dans les deux langues. Ces journaux sont toujours disponibles sur le site de la bibliothèque de la paroisse de Jefferson à la référence suivante : http://nobee.jefferson.lib.la.us/Vol-009/index.html

VENGEANCE DU CIEL!
DÉCOUVERTE D'UN GRAND CRIME.

. . . . Il est donc des forfaits,
Que le courroux des Dieux ne pardonne jamais!!...
C........

!. . . . . . de la maison de la femme Lalaurie, rue de
Hôpital, a fait découvrir une de ces atrocités dont le récit
. . . . incroyable à nos lecteurs, quand ils sauront toutes
. . . . constances. horribles qui rendent ce crime si épou-
. . . . . que notre plume se refuserait à le retracer, si nous
. . . . pas l'espoir, en faisant connaître l'auteur d'un parei
. . . . que cette publicité la flétrira tellement, qu'elle n'osera
. . . . désormais, se livrer à des actes de cruauté qui font fré-
. . r, surtout quand ils sont exercés par une femme.

Le monstre connu sous le nom de Mme. Lopez, Vve
. . . . . . , et aujourd'hui épouse du Dr. Lalaurie, demeurant
. . cette ville, à l'encoignure des rues Royale et Hôpital, est
. . . . . depuis long-temps à la Nlle.-Orléans par ses atroci-
. . . . qui lui ont attiré plusieurs fois les réprimandes de l'auto-
. . . . (on sait qu'il y a plusieurs années, elle fut condamnée à
. . . . amende pour mauvais traitements envers ses esclaves et
. . . . . a fait mourir plusieurs.) Mais on ne savait pas en-
. . . . pouvait aller la barbarie de ce bourreau femelle
. . . . va suivre la montrera dans toute sa noirceur au
. . . . . et la vouera à l'exécration générale.

62. L'article mentionne que la maison Lalaurie se situe à l'angle des rues Royal et Hôpital qui a été renommée la rue du Gouverneur Nicholls. Francis Nicholls était un avocat, politicien, juge et brigadier général de l'armée confédérée pendant la guerre de sécession. Il devint gouverneur de Louisiane de 1876 à 1880, puis de 1888 à 1892. Le lecteur excusera la piètre qualité de ces extraits dont une partie est devenue difficilement lisible avec le temps et la dégradation de l'encre.

[Hier], vers les huit heures du matin, le feu s'est manifesté [dans la] maison de la femme Lalaurie. Une foule immense [a couvert] toute la rue de l'Hôpital et les rues adjacentes, [et] pour porter secours, mais pour assister au spectacle de [la ruine] d'une maison où se sont consommés tant de crimes [...]. On espérait des flammes, une vengeance aux nombreux [forfaits] accomplis par cette femme, le déshonneur de [...]. De la cuisine, le feu gagna le corps de logis habité [par] les propriétaires. Alors il devint urgent d'abattre [...] car le peuple assemblé en foule, soupçonnait que l'inhumaine [créature] avait consommé quelque meurtre sur ses esclaves. [Bientôt] les soupçons devinrent une réalité. Chose horrible [à dire]! on trouva sept esclaves, plus ou moins horriblement [mutilés], la tête fendue, les membres déchirés!

Nous qui écrivons ces lignes, nous avons vu de nos propres [yeux] ces malheureux. Nous avons vu les fers entrés dans [les chairs], et nous avons appris que depuis plusieurs mois ils [étaient] dans cette situation, n'ayant que du grû et de l'eau [pour] toute nourriture, et en quantité insuffisante. Nous avons [vu] le juge Canonge, M. Montreuil faire pendant quelque tems [des tentatives] vers inutiles pour délivrer ces malheureux, que la [demoiselle] Lalaurie avait sans doute l'espoir de voir brûler [pour satis]faire son âme féroce!!!

Enfin, les portes furent enfoncées, et les esclaves enlevés [et été] conduits par une foule immense au bureau du maire, [et] fait briser leurs fers. Parmi ces esclaves, se trouvait un [vieill]ard que son grand âge aurait dû faire épargner; mais [la] femme Lalaurie n'a jamais connu la pitié! que dire de M. [...]?

Une négresse du nombre des sept, a déclaré au Maire que [c'était] elle qui avait mis le feu, dans l'intention de terminer [ses souff]rances et celles de ses compagnons en périssant [dans les] flammes.

Faits authentiques ou pures inventions menées tambour battant par une campagne de presse à scandale, la réputation des Lalaurie fut à jamais réduite à néant. Avec son mari, elle quitta alors très vite la Louisiane, devançant de peu les autorités, sa vie ruinée pour toujours, vivant d'expédients, à Paris et peut-être ailleurs en sûreté chez des amis de confiance. Leur fuite était révélatrice de leur culpabilité. De rage de n'avoir pas eu le long cou blanc de Delphine Lalaurie glissé dans un nœud coulant, une foule démontée força le service de sécurité, se rua dans la résidence et la mit à sac, détruisant ou pillant tout ce qu'elle pouvait. Le couple en fuite avait échappé de peu à la vindicte populaire, mais le départ précipité des Lalaurie accéléra la déformation et l'exagération à outrance des actes qu'ils avaient commis à l'encontre de leurs domestiques.

Des rumeurs circulèrent de nouveau sur ce qu'ils devinrent : Certaines disaient qu'ils avaient gagné la France, d'autres qu'ils vivaient dans une forêt sur les rivages nord du lac Pontchartrain. Certains affirmèrent les avoir aperçus dans un petit village non loin de la ville, ayant trouvé refuge chez des amis qui ne posèrent aucune question. Quoiqu'il en soit, il n'apparaît aucune trace de poursuites judiciaires à l'encontre de Madame Lalaurie et aucune mention de sa présence en ville depuis sa disparition.

Il est de source sûre qu'ils se réfugièrent un temps sur le bayou Saint John, dans une demeure connue à présent comme la Maison Pitot. Il est dit qu'ensuite ils montèrent sur une barge traversant le lac Pontchartrain pour se rendre chez des amis, la famille Coqueville de Mandeville, une petite ville de plaisance fondée par Bernard de Marigny quelques années plus tôt. Finalement, ils franchirent l'océan pour s'installer à Paris. C'est dans la capitale que le passé de ce qu'ils avaient laissé derrière eux fini par les rattraper.

C'était un soir où le couple s'était rendu à l'opéra, six mois seulement après leur départ de la Nouvelle-Orléans. Pendant l'entracte, la gazette était distribuée à ceux qui le souhaitaient. Y étaient consignés les événements parisiens, nationaux et internationaux. Un petit encart faisait état des recherches concernant un couple suspecté d'atrocités et de meurtres commis à l'encontre de leur personnel de maison à la Nouvelle-Orléans. Les couloirs de l'opéra devinrent plus bruyants que d'ordinaire à mesure que les commères commentaient l'article sulfureux quand, dans un petit groupe constitué autour du journal, une dame interrogea son amie dont la tante avait consulté dans son quartier un médecin qui venait d'y ouvrir son cabinet. A la question posée, il lui fut répondu, non sans quelques hésitations, qu'il lui semblait en effet que sa tante avait mentionné le nom de ce docteur comme étant un certain…

Delalier, Deloury, Ladurie…Lalaurie ? s'enquit l'amie en haussant les sourcils. Son interlocutrice confirma le nom.

La concordance était faite et l'excitation d'avoir de la matière à discuter pour les semaines à venir, entretenait les conversations amplifiées par le colportage de l'information scandaleuse… Le docteur des horreurs ici, à Paris ? C'est tout juste si quelques unes de ces dames dans leur robe de soirée ne se laissaient pas aller à quelques expressions de leur émoi : « Ah ! Seigneur tout puissant, je défaille ! » ou « Passez-moi des sels, je m'évanouis ! »

Remarquant cette gazette qu'agitaient des mains tremblantes, les Lalaurie se procurèrent un exemplaire et se mirent en quête de la raison de cette cohue grandissante mais digne : après tout, c'était quand même la belle société parisienne qui se pressait ici à l'opéra. Après avoir parcouru l'article en question, ils s'éclipsèrent avant la fin de l'entracte. Ils disparurent de la scène publique, Louis Lalaurie ayant probablement fermé son cabinet pour s'installer ailleurs, là où il aurait moins de risque de retrouver son nom dans le journal.

A la Nouvelle-Orléans, les Lalaurie ne tombèrent jamais dans l'oubli. En 1892, soit près de 60 ans après l'incendie fatidique, le

Daily Picayune publiait encore un article sur le caractère excentrique de Delphine Lalaurie, son tempérament incontrôlable qui frisait parfois l'insanité. On la jugeait souffrante d'un désordre bipolaire ou de toute autre déséquilibre mental. Bref, son cas continuait de fasciner les journalistes et par conséquent le lecteur friand d'histoires à sensations. Ils allaient en être régalés pour de nombreuses décennies à venir.

A sa mort, le 7 décembre 1849, Delphine Lalaurie fut enterrée au cimetière Montmartre. Ses dernières volontés stipulaient pourtant que son corps soit inhumé dans sa ville natale, en Louisiane. C'est sa fille aînée qui se chargea des formalités. Delphine Lalaurie fut exhumée le 7 janvier 1851 afin que sa dépouille soit retournée à la Nouvelle-Orléans pour y être enterrée dans un caveau situé non loin de son amie, une autre non moins célèbre résidente de la ville, la reine du vaudou, Marie Laveau. Cette dernière l'avait initiée aux rites vaudou peu de temps après le décès de l'inoubliable père Antoine.

Delphine Lalaurie choisit alors de tester sur son personnel des recettes héritées de la culture haïtienne de l'époque. Il semblait qu'elle avait, des années durant, cherché désespérément à rendre ses esclaves aussi dociles que robustes. Les potions, les drogues et les expériences pratiquées sur eux corroboraient son intérêt pour ce culte redouté. Si elle n'était pas parvenue à faire de ses esclaves des zombies dévoués à ses moindres caprices, il semble improbable que son époux ne fut pas le complice ou, tout au moins, le spectateur silencieux des agissements de sa femme.

63. Caveau familial de Marie Laveau dans l'allée 4 du cimetière Saint Louis numéro 1.

64. L'acte de décès de Delphine Lalaurie.

Delphine Lalaurie reposerait donc dans le cimetière Saint Louis numéro 1. En 1934, une plaque d'identification à son nom fut retrouvée dans l'allée quatre mais sans être attribuée à une tombe, ce qui rend la localisation précise du monument un mystère de plus à ajouter au destin sulfureux de la maîtresse macabre. Cette plaque de cuivre endommagée par le temps avait été mise à jour par l'ancien sacristain du cimetière, Eugène Backes.

65. Une plaque commémorative controversée pour une défunte qui ne l'était pas moins. L'année est erronée et ne correspond donc pas à celle mentionnée sur l'acte de décès parisien. On notera une fois encore la profusion du chiffre 4 et sa symbolique.

En revanche, on ne put en dire autant des victimes qu'elle avait laissées derrière elle. Les histoires d'esprits torturés et de maison hantée au 1140 de la rue Royal débutèrent aussi vite que s'évapora l'attelage des Lalaurie dans l'obscurité de la nuit. Après que les dépouilles mutilées des esclaves martyrisés furent sorties de la maison, les lieux maudits furent mis à sac par une foule déchaînée.

Après avoir été occupée brièvement par une famille de passage, la maison redevint rapidement vide pendant de longues années, tombant peu à peu dans des conditions insalubres et de détérioration avancée. Beaucoup de passants rapportèrent avoir perçu des hurlements d'agonie en provenance de la demeure abandonnée pendant la nuit et deviné dans l'obscurité des formes humaines traverser fugitivement le balcon ou la cour intérieure. On fit aussi état de quelques vagabonds qui tentèrent leur chance en s'introduisant par effraction dans l'habitation pour y trouver refuge quand il faisait mauvais temps. Mais il semble que personne ne les revit jamais errer de nouveau dans les rues.

La maison fut remise sur le marché de l'immobilier en 1837. Elle fut rachetée par un homme qui la rénova de fonds en combles. Il ne la conserva que trois mois durant. Il se plaignit que son sommeil était régulièrement perturbé par des bruits étranges, des pleurs étouffés et des gémissements inidentifiables. Il tenta de louer des chambres pour rentrer dans ses frais, mais encore une fois les locataires furent incapables d'y séjourner au-delà de quelques jours. Il abandonna son projet et la maison par la même occasion.

Juste après la fin de la guerre civile, les efforts de reconstruction transformèrent la maison vide en un lycée d'intégration pour des jeunes filles des deux communautés. Mais en 1874, la Ligue Blanche, une branche directe du tristement célèbre Ku Klux Klan, imposa à ces élèves noires de quitter l'école. Peu de temps après, la commission scolaire ségrégationniste modifia complètement les données et rouvrirent les lieux pour les enfants noirs seulement. Mais cela ne dura qu'un an.

En 1882, la demeure devint alors un centre culturel. Un professeur d'anglais la changea ensuite en un conservatoire de musique et une école de danse à la mode. Tout semblait se dérouler pour le mieux alors que l'enseignant réputé recrutait des élèves des familles de notables. Mais une fois encore les choses prirent une direction troublante... Un journal local jeta le discrédit sur le professeur à travers un article diffamatoire suggérant des écarts de conduite avec quelques étudiantes mineures, cela juste avant que l'école ne soit le théâtre d'une soirée mondaine très attendue. Comme toujours, ragots, commérages et confessions firent traînée de poudre dans les rues de la ville. Les moindres détails prenaient des proportions alarmantes :

- Mère ? s'enquit une de ces étudiantes anxieuses.
- Oui, ma fille ?
- Je sais que tu as toujours tenu en très haute estime mon professeur et que tu n'as à la bouche que des compliments à son égard...

- Je dois l'admettre, en effet. C'est un homme exquis dont les compétences sont indéniables. Pourquoi cette remarque ?
- Eh bien, c'est vrai que je reconnais qu'il m'a permis d'accomplir des progrès évidents dans mes études... Mais, est-ce que tu crois qu'il soit conciliable de sentir régulièrement le souffle de sa respiration dans mon cou, ou de permettre que sa main glisse parfois sur mes cheveux ou effleure ma joue en diverses occasions ?
- Que dis-tu là ? Sache, ma fille, que c'est un comportement qu'on ne peut tolérer dans notre monde ! Je pense qu'il est de mon devoir d'en parler à qui de droit et d'en savoir davantage sur ces écarts dont tu n'es peut être pas la seule à en subir les manifestations !

Le lendemain de la parution de l'article, élèves et invités désertèrent les lieux, l'école ferma ses portes le jour suivant, et le professeur disparut sans laisser d'adresse.

Quelques années plus tard, des événements encore plus étranges s'abattirent sur la maison qui devint une fois de plus au cœur de rumeurs concernant le décès de Jules Vignie, un membre excentrique d'une famille opulente de la ville. Vignie vivait en secret dans la demeure depuis 1889 et ce jusqu'à sa mort en 1892. On le retrouva inerte sur une paillasse en lambeaux. Il vivait là au milieu de la saleté et d'immondice, sans hygiène, alors que les pièces attenantes à la chambre où il vivait en reclus renfermaient des antiquités et des objets de grande valeur subtilisés à la maison familiale. Un sac contenant plusieurs centaines de dollars, une petite fortune à l'époque, fut trouvé près de son corps en décomposition. La police découvrit une autre liasse de billets verts estimée à plusieurs milliers de dollars que Vignie avait cachée dans son matelas crasseux. Il ne pouvait donc pas avoir été assassiné pour son argent. La thèse du crime crapuleux écartée, les causes de son décès restèrent inconnues étant donné qu'il fut impossible de mener une autopsie sur un corps en si piteux état.

La maison fut abandonnée jusqu'à la fin du 19ème siècle. L'Italie connaissait une période d'exode en masse due à une économie en retard sur l'industrialisation des autres pays. Après la première guerre mondiale, le pays subissait une pauvreté galopante et la montée du fascisme. En cette époque d'immigration massive vers les États-Unis, beaucoup d'immigrés italiens arrivèrent en ville. Des investisseurs s'empressèrent de racheter des bâtisses abandonnées pour les transformer en logements à bon marché afin de satisfaire la demande croissante. La maison Lalaurie fut l'une d'entre elles. Mais pour la plupart des locataires, même le montant faible du loyer ne suffisait pas à les retenir très longtemps. Il était devenu fréquent d'entendre les locataires se disputer au sujet de bruits nocturnes qui les réveillaient au milieu de la nuit, provoquant des échanges de mots colorés qui tournaient parfois au coup de poing. À l'époque où se succédaient ces locataires de passage, un nombre d'événements étranges fut ainsi rapporté. Parmi eux, la rencontre entre un occupant et un jeune homme noir nu enchaîné qui se rua vers le locataire en hurlant avant de disparaître comme il était venu. D'autres se plaignirent de la mort brutale de leur animal domestique. Des enfants furent menacés par un personnage fantomatique armé d'un fouet. Des visages enveloppés dans un linceul apparaissaient brutalement à proximité des montées d'escalier. Une jeune femme fut terrifiée en apercevant la silhouette d'une femme dans d'élégants vêtements démodés se pencher au dessus de sa fillette endormie. Et bien sûr, les mélodies dramatiques des cris et des gémissements se faisaient entendre régulièrement, amplifiées par le silence de la nuit subitement interrompu. Les rumeurs franchirent bientôt les murs de la maison, les locataires finirent par se raréfier. La maison fut désertée une fois de plus.

Les années passèrent et le rez-de-chaussée devint un bar aux lendemains de la Prohibition. Le gérant voulut profiter du passé sulfureux de l'endroit et des multiples expériences surnaturelles qui l'entourait pour nommer son commerce *Le saloon hanté*. Il s'était renseigné sur ces histoires de fantômes et il décida de transcrire tous les incidents glanés dans la presse locale et dans le voisinage pour régaler sa clientèle qui grossissait au fur et à mesure des détails croustillants qu'il enjolivait avec l'expérience. Lorsqu'il lui était demandé de raconter une autre de ces histoires aussi passionnantes que troublantes, il prétextait qu'il avait besoin de se gargariser la gorge. Il ne manquait jamais quelqu'un au comptoir qui lui payait alors de quoi lui rafraîchir le gosier, et dans l'excitation du moment, les tournées générales annoncées à la cantonade ne manquaient pas de remplir sa caisse. Quelques patrons de bar voisins ne voyaient pas son ascension fulgurante d'un bon œil. Il fallait trouver un moyen de le faire rentrer dans le rang. On l'espionna discrètement et on fit l'inventaire de ses relations dans le milieu. Ses rapports avec la pègre locale eurent raison de son affaire. Il mit la clef sous la porte afin d'éviter des poursuites judiciaires et quitta la ville sans se faire prier.

Finalement, plusieurs années plus tard, quelque temps après la fin de la seconde guerre mondiale, un magasin de meubles antiques s'ouvrit à la place. Le propriétaire sembla être la victime d'actes de vandalisme sur sa marchandise et plusieurs meubles furent endommagés en diverses occasions. Certains de ces meubles étaient tâchés d'un liquide gluant et sombre comme la poix, une sécrétion qui ressemblait à un liquide visqueux et noir. Il se mit alors à veiller pendant certaines nuits, espérant mettre la main sur le coupable, décidé à lui mettre un peu de plomb dans l'aile s'il s'avisait de récidiver. Personne ne tenta de forcer l'entrée de la boutique. Il ne trouva aucune trace d'effraction. Mais au petit matin, alors qu'il s'était assoupi dans un fauteuil, son fusil sur les genoux, qu'elle ne fut sa surprise de constater que plusieurs de ses meubles étaient fraîchement tâchés. Quelques jours plus tard, il abandonna la lutte devenue vaine et ferma son commerce.

On se pose aujourd'hui la question de savoir si la maison Lalaurie est toujours hantée. Personne ne le sait vraiment. Mais comment trouver la paix de l'esprit quand on a été la victime d'une telle tragédie ?

Il y a de cela quelques années, les propriétaires de la demeure qui n'y résidaient pas, ont entrepris des travaux de rénovation en vue de la revente de cette bâtisse dont ils n'avaient pas l'usage. Une équipe d'ouvriers trouvèrent des ossements à l'arrière de la maison, sous le plancher de la terrasse qu'ils étaient en train de démonter afin de remplacer certaines parties endommagées. Les restes semblaient avoir été cachés là à la hâte comme si on avait cherchait à dissimuler cette dépouille avant un départ précipité. A l'issue de l'enquête qui fut menée sur les lieux, les autorités en arrivèrent à la conclusion que ces ossements dataient du début du 19ème siècle, probablement de l'époque où séjournait la famille Lalaurie. Le mystère de la disparition de quelques esclaves achetés par Delphine Lalaurie et son mari semblaient être résolu, mais celui du nombre de victimes qu'ils avaient pu laisser derrière eux dans leur fuite précipitée par les événements, demeurait toujours une énigme à laquelle personne ne serait jamais capable de répondre, en tout cas de ce côté-ci du monde des vivants…

Hommes, femmes et enfants, tous esclaves, ont grossi la liste macabre des victimes. Douze corps furent officiellement découverts à l'époque. Il est difficile de dire si toutes ces victimes furent retrouvées sur place, dans la maison ou sur la propriété elle-même, ou simplement ajoutées au compte des horreurs perpétrées au moment des faits. D'autres découvertes macabres auraient suivi au cours des rénovations, des modifications et de la distorsion des faits par l'absence ou la disparition des preuves. Pourtant, mystérieusement, leur trace s'est effacée à jamais.

La résidence fut abandonnée pour de longues décennies, échouant entre les mains des banquiers puis de la ville, sa réputation écartant tout espoir de ressurgir sur le marché jusqu'en 2007. La municipalité l'avait confiée à un organisme financier afin de récupérer quelques fonds. Lorsque sa mise en vente apparut sur internet et dans les journaux locaux, elle éveilla l'intérêt d'un homme résidant en Californie. Ce propriétaire célèbre possédait une maison à quelques mètres de là. Il l'avait transformée en un petit hôtel de seulement sept chambres, les revenus des loyers lui permettant de régler ses taxes à la ville. Connaissant la personnalité inhabituelle de son neveu, il le renseigna sur l'opportunité qu'il saisit sans discuter. Le 4 avril 2007, Nicolas Cage acheta la maison Lalaurie pour près de trois millions et demi de dollars. Son parrain le félicita pour ce nouvel achat même s'il pensait probablement que le portefeuille immobilier de Nicolas était trop important pour ce qu'il en faisait. Lui-même gérait un énorme patrimoine réparti entre propriétés, villas, appartements et vignobles en plus de ses revenus associés à la réalisation et la production cinématographique. Mais lorsqu'on s'appelle Francis Ford Coppola, la gestion ne constitue pas un obstacle. Nicolas Cage pensait tenir un investissement en or en dépit du fait que la ville, qui en fut propriétaire pendant longtemps, n'avait jamais tenté d'ouvrir la maison au public et d'en tirer les bénéfices liés à son passé sulfureux.

Ce n'était pas la première fois que le fameux acteur connu pour un nombre incalculable de films racontant des histoires de monstres, de démons, de fantômes, de sorcières et de chasseurs de trésors oubliés, devenait propriétaire à la Nouvelle-Orléans. Il avait aussi acheté en juin 2005 une immense demeure qui fut celle de la romancière Ann Rice, née sur la fastueuse avenue Saint Charles. Ann Rice est connue pour avoir écrit un grand nombre d'ouvrages sur les sorcières et les vampires dont plusieurs furent adaptés pour le cinéma comme *Entretien avec un vampire*, interprété par Tom Cruise et un autre résident de la Nouvelle-Orléans, Brad Pitt. Cette résidence au 2523 de la rue Prytania est visible dans le quartier du Garden District arpenté par des milliers de touristes étourdis par le faste et le charme de maisons dignes des plantations antebellum. Là encore il avait payé la modique somme de trois millions et demi de dollars pour cet investissement qui fut jadis une chapelle connue sous le nom de « Our

Mother of Perpetual Help[8] ». Ann Rice l'avait vendue à Buzz Harper, un vendeur d'antiquités fortuné, qui l'avait ensuite vendue à Nicolas Cage qui s'était montré très discret lors de l'acquisition de ces deux propriétés. Personne dans les médias n'avait eu l'opportunité de couvrir ces deux phases d'achat, Cage ayant réussi à rester incognito en utilisant les services confidentiels de son agence immobilière.

Deux rues plus bas dans le Vieux Carré, sur la rue du gouverneur Nicholls, au numéro 521, Brad Pitt et Angelina Jolie découvrirent que le neveu de Coppola était à présent leur voisin. Ils avaient investi dans cette demeure historique construite dans les années 1830 quelques mois avant que Cage achète la maison Lalaurie.

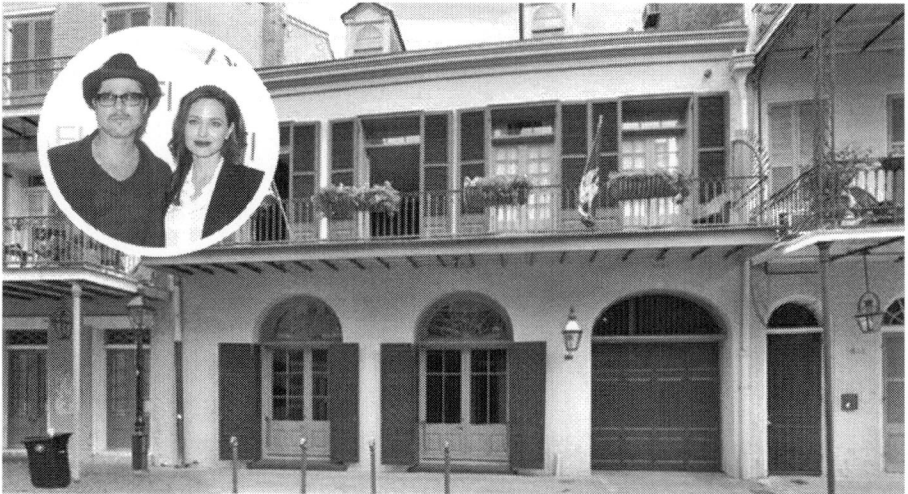

66. Construite dans les années 1830, cette maison historique de 710 mètres carrés comprend quatre chambres et autant de salles de bain, un ascenseur, une petite piscine et une dépendance sur deux niveaux. Cet endroit fut autrement un studio d'enregistrement fréquenté par des légendes telles que Fats Domino et Little Richard. Le célèbre couple avait acheté cette propriété deux ans après l'ouragan Katrina, en 2007. Elle s'est vendue une décennie plus tard pour la modique somme de 4,9 millions de dollars.

---

[8] Notre mère du secours perpétuel.

Mais les choses tournèrent encore au désavantage du nouveau propriétaire. En 2009, la ville de la Nouvelle-Orléans fit saisir les deux propriétés de l'acteur qui avait omis de payer ses taxes et ses hypothèques. Possédant à présent plus qu'une quarantaine de maisons à travers la planète, il avait confié le soin de gérer son patrimoine à son fondé de pouvoir qui empochait des émoluments pharaoniques mais oubliait de régler les dettes, les taxes et les impôts de son employeur. L'ampleur des sommes à recouvrir le força à la déroute financière.

La maison Lalaurie retournait au silence pesant de son passé maudit. En 2014, elle fut acquise par un couple de Texans qui l'occupe occasionnellement. Dans tout le voisinage, circule cette question murmurée sur des lèvres frémissantes : « Combien de temps resteront-ils propriétaires ? »... Les paris sont ouverts.

Le pensionnat tragique

L'hôtel Andrew Jackson fut le site sur lequel se trouvait un pensionnat dans lequel cinq enfants périrent lors de l'incendie du 8 décembre 1794. Le taux de mortalité des enfants, et surtout des plus jeunes, était très élevé, mais étrangement, les hommes entre 15 et 40 ans avaient une plus grande propension à succomber à la fièvre jaune. La population enfantine voyait alors disparaître leurs parents et membres de la famille pendant l'été. Il fallait donc trouver un moyen de les placer dans une institution quand un parent survivant n'avait plus les moyens d'assurer leur éducation ni même leur survie, ou lorsqu'ils se retrouvaient tout simplement orphelins.

En 1792, le gouvernement espagnol subventionna une institution pour les jeunes garçons privés de foyer ou abandonnés par de la parenté se retrouvant dans l'incapacité de subvenir à leurs besoins. Le projet fut un franc succès, mais de courte durée. Aux dires des historiens et des archéologues, l'orphelinat aurait été la proie des flammes dans le second grand incendie qui ravagea la ville en 1794. Cependant, à la lumière d'un article de presse datant de 1850, il est évoqué que la propriété située au 919 de la rue Royal fut l'une parmi les rares à avoir été épargnée. Plus loin, la coupure ajoute qu'en 1803, au moment de la vente de la Louisiane aux Américains, l'édifice fut converti en court de justice fédérale sans toutefois apporter de modifications majeures à la structure d'origine.

C'est dans ce bâtiment officiel que le général Andrew Jackson fut condamné à payer une forte amende pour obstruction à la justice, ayant refusé de répondre aux questions qui lui avait été posées. Il était en fait victime d'une vengeance de la part du juge qui lui rendait la monnaie de sa pièce. En décembre 1814, Jackson avait décrété la loi martiale à la Nouvelle-Orléans. Nul était autorisé à entrer ni à en sortir. Il venait de battre les Britanniques à l'occasion d'une série de batailles dans la région appelée aujourd'hui Chalmette, à l'est de la ville. Jackson s'attendait à une autre tentative anglaise pour reconquérir la ville et reprendre pied sur le territoire américain perdu depuis l'indépendance. La riposte se faisait attendre et la loi martiale imposée par Jackson devenait pénible à endurer. Cette situation pénalisait le commerce et toute la vie de la communauté qui commençait à critiquer l'entêtement du général. Un officiel de l'état, Louis Louaillier, rédigea un article anonyme dénigrant la tactique de Jackson qui parvint à identifier l'auteur et le fit emprisonner. C'est alors que le juge Hall le fit libérer et qu'il se retrouva lui-même en prison sous l'ordre du général aux commandes de la ville placée sous la réglementation militaire et non des autorités civiles.

67. Une illustration de la cour fédérale de Justice au début du 19ème siècle.

Le juge fut relâché puis banni de la ville par le général jusqu'à ce que la paix soit rétablie, qu'un traité soit ratifié et que les Britanniques aient quitté les côtes de Louisiane, renonçant définitivement à leurs prétentions de reconquête.

Au retour du juge, maintenant que les choses étaient rentrées dans l'ordre, sa rage ne connut pas de limites. Il intima à Jackson de comparaître devant son tribunal. Jackson demanda un procès devant un jury. Le juge refusa et le condamna à une amende de mille dollars, une véritable fortune pour l'époque. Beaucoup de résidents reconnaissants offrirent à Jackson de l'argent pour s'acquitter de sa dette envers la justice. Jackson déclina l'offre généreuse et leur demanda à la place de faire don de cet argent aux veuves et aux orphelins, à ceux qui avaient perdu un père ou un mari durant les ultimes batailles contre les Anglais.

En 1844, un an avant la mort de Jackson, le Congrès ordonna que la somme déboursée par le général devenu 7ème président des États-Unis soit remboursée avec les intérêts de retard. Jackson reçut 2700 dollars en compensation.

68. Statue équestre du général Andrew Jackson devant la cathédrale.

Le bâtiment en question fut démoli pour vétusté au début du 20ᵉᵐᵉ siècle. L'hôtel Jackson fut construit à sa place. Aujourd'hui encore, les touristes qui en occupent les chambres découvrent un mobilier hérité du passé, une atmosphère unique, paisible et hors du temps… à l'exception de quelques incidents survenus en plusieurs occasions qui ont alimenté les rumeurs et contribué à la réputation de l'endroit…

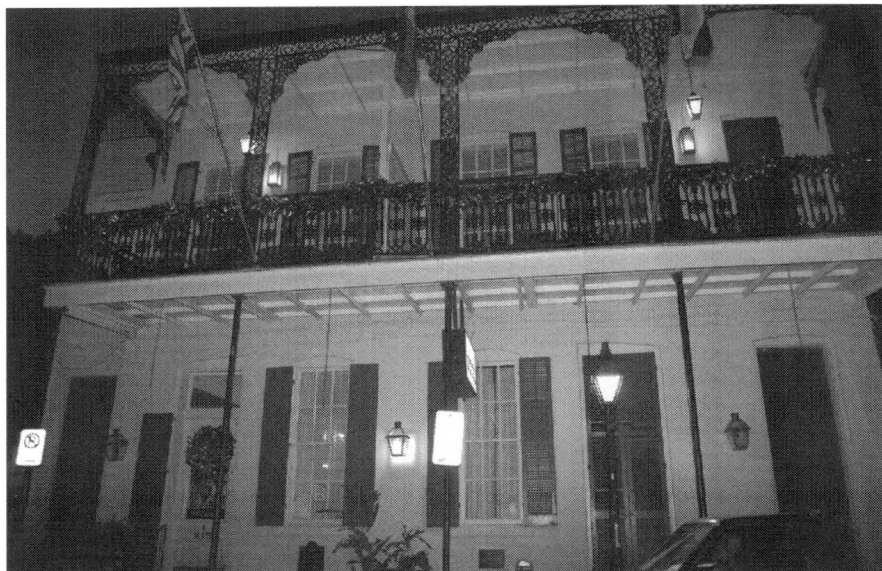

69. L'hôtel Andrew Jackson aujourd'hui au 919 de la rue Royal.

Au cours des années qui suivirent l'ouverture de l'hôtel, les invités ont rapporté avoir entendu des enfants qui jouaient dans la cour. Cela aurait pu être tout à fait normal si cela n'avait pas était signalé se produire en pleine nuit, quand cette même cour semblait déserte. Un client s'était plaint un matin d'avoir été réveillé au milieu de la nuit par le bruit de l'écran statique de son poste de télévision qu'il était certain d'avoir éteint avant de s'endormir. En étendant la main pour saisir la télécommande et presser le bouton correspondant, son regard fut attiré vers le bout de son lit et le meuble sur lequel était installé le téléviseur. Assis sur la moquette devant l'écran grésillant se tenait une petite silhouette frêle presque vaporeuse. Au cri qu'il ne put réprimer devant l'apparition, l'ombre s'évanouit dans la seconde.

D'autres rapports vinrent s'ajouter en provenance de trois chambres différentes et de la cour intérieure sur une période de plusieurs dizaines d'années. La chambre 208 serait ainsi le théâtre de visites régulières d'un jeune garçon nommé Armand. L'enfant se serait jeté de la fenêtre pour échapper aux flammes qui embrasaient l'orphelinat. Sa chute lui brisa le cou. À présent, le garçon aurait une tendance à réveiller les occupants par ses rires, ou à les tirer du lit comme si sa condition surnaturelle lui donnait une force qu'il n'avait pas eu du temps de son vivant étant donné son jeune âge. L'inscription des clients de l'hôtel dans le registre manuel, informatisé depuis, révèle toutefois une certaine fréquence des occupants de la 208 à réclamer un changement de chambre. Beaucoup se plaignent d'un malaise, d'une atmosphère étrange, voire même d'une présence comme si quelqu'un d'invisible les espionnait à leur insu. Des objets qui changent de place, une lumière qui s'allume ou s'éteint contre toute attente, un robinet qui se met en marche alors que la salle de bain n'est pas occupée, agrémentent les conversations pendant le petit déjeuner et contribuent à maintenir un taux d'occupation rentable toute l'année, y compris pendant la basse saison, celles des mois les plus chauds.

Une promenade à pied dans le Vieux Carré vous permettra de comprendre ce que les mots ne peuvent pas toujours expliquer rationnellement. Toujours est-il qu'il n'est pas rare de lever les yeux sur un panneau annonçant aux clients potentiels que l'hôtel est hanté, d'autres lieux précisant le contraire pour ceux qui craindraient de faire une mauvaise rencontre, ou tout au moins d'avoir la surprise de ne pas se sentir seul dans l'intimité de la chambre… Mais à l'exception du Royaume-Uni, les Européens de l'ouest restent plutôt circonspects à l'égard de ces phénomènes et des avantages que l'industrie hôtelière tire de ces incidents qui ajoutent un attrait supplémentaire dans un domaine où la compétition est acharnée. Les Américains et les Canadiens jouent également le jeu et ne sentent jamais menacés dans leur équilibre psychologique en passant une nuit dans un hôtel hanté. Cela fait partie du folklore local et suscite des moments mémorables qui seront racontés des années plus tard. Ces touristes intègrent alors le cercle des initiés si une apparition vient à s'inviter librement pendant leur séjour dans cet hôtel peut être un peu trop fréquenté…

Le repaire des pirates

J ean Lafitte serait né à Saint Seurin, en Gironde, le 22 novembre 1774 comme son frère aîné de quatre ans, Pierre. D'autres recherches stipulent leur naissance à Biarritz, à Bayonne ou à Bordeaux, peut-être même à Saint Domingue, ce qui en ferait des boucaniers. En effet, vers la fin du $16^{\text{ème}}$ siècle, des aventuriers normands allèrent s'établir à Saint Domingue qui appartenait aux Espagnols. Ils y vécurent en chassant les bœufs sauvages dont ils boucanaient la viande en la séchant à la fumée et tannaient les peaux pour les vendre en Europe. Les Espagnols ayant exterminé les animaux qui constituaient leur principale source de revenus, ils décidèrent de rester en se livrant à la piraterie pour se venger des Espagnols et assurer la survie de leurs familles[9].

_____

[9] La grande époque de la piraterie dans les Caraïbes commence aux alentours de 1520 et s'étend jusqu'aux années 1720. La période la plus faste pour les pirates se situe entre 1640 et 1680. La « capitale » des flibustiers est alors l'île de la Tortue en Haïti.

Les frères Lafitte sont connus pour avoir écumé le Golfe du Mexique, fait main basse sur la cargaison de nombreux navires et créé un véritable royaume de flibustiers dans la baie de Barataria, au cœur des marais et des bayous au sud de la Nouvelle-Orléans. Ils avaient plusieurs milliers d'hommes sous leurs ordres. Leur expérience dans le combat et la guerre d'embuscade a contribué à sauver la région des tentatives d'invasion britannique.

70. Portrait de Jean Lafitte par un de ses contemporains resté anonyme.

Jean était un personnage haut en couleur. Il quitta la France confrontée à la Terreur imposée par le gouvernement révolutionnaire entre 1792 et 1794 et partit rejoindre son frère dans les Caraïbes pour tenter de faire fortune comme la plupart de ceux qui se lançaient dans l'aventure vers le Nouveau Monde. Vivant d'expédients et d'opportunités, il commença sa jeune carrière dans la contrebande, puis dans la piraterie, agissant pour son propre compte et non sous le couvert d'une autorité quelconque à l'instar des corsaires qui sillonnaient également les mers chaudes. Il convoyait des esclaves de Saint Domingue à bord du navire dont il était le capitaine, *La Sœur Chérie*. Secondé par deux autres vaisseaux assurant sa sécurité, Lafitte était forcé de contourner la Nouvelle-Orléans pour débarquer à Fort Plaquemine et acheminer la cargaison vers les marchés.

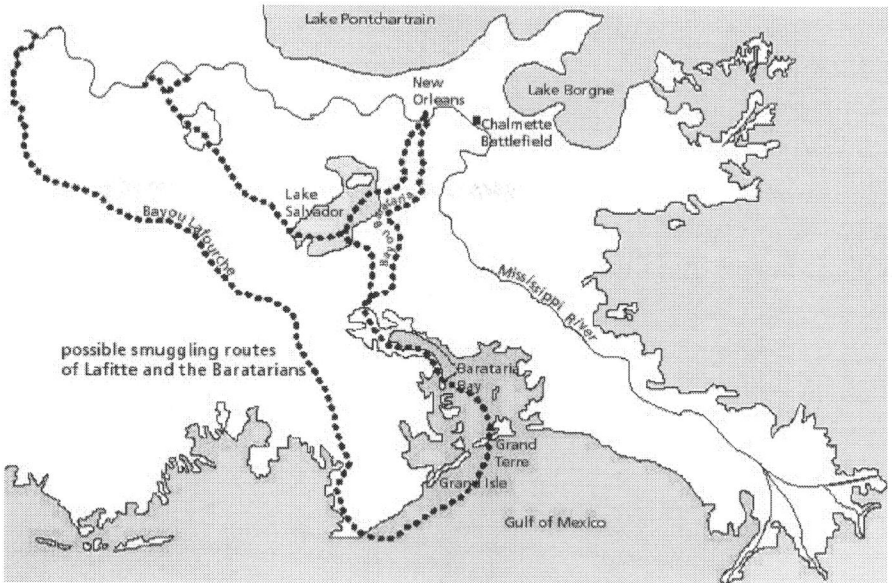

71. Carte des routes de contrebande empruntées par Lafitte d'après les recherches des services des parcs nationaux US.

Pour éviter tout démêlé avec la loi punissant sévèrement les actes de piraterie, Jean s'installa en Louisiane en 1806, deux ans après son frère Pierre, après que l'ancienne colonie ait été vendue par Napoléon aux Américains en novembre 1803. Leur commerce devint très vite profitable, y compris aux commerçants locaux qui bénéficiaient de tarifs concurrentiels, ce que certains ne voyaient pas d'un bon œil lorsqu'ils voyaient fondre leur propre chiffre d'affaires. A mesure que les profits croissaient, les frères investirent dans des navires supplémentaires afin d'assurer un approvisionnement régulier plus important en fonction d'une demande grandissante.

En 1807, le congrès américain interdit l'importation d'esclaves dont les prix montaient en flèche. Profitant du vide institutionnel et juridique résultant de cette transaction, car il faudra encore une dizaine d'années pour que le territoire devienne un état américain en 1812, les deux frères continuaient de tirer le meilleur parti de la situation. Barataria était une région difficile d'accès composée d'îles propices à dissimuler leurs bases, la flotte et les produits de contrebande, y compris les esclaves qu'ils se plaisaient à confisquer aux Espagnols. Leur popularité s'accrut très rapidement avec les retombées économiques de leurs activités illicites sur la région. Et leur physique aidant, car ils se trouvent aussi que la nature leur avait procuré des armes par lesquelles les femmes succombaient sans trop de résistance, ils séduisirent quelques épouses de notables. Jean fut l'amant d'une des plus belles femmes de Louisiane, Catherine Villard, alors que son frère séduit sa sœur, Marie, deux métisses fortunées.

En ville, la grande majorité des commerçants s'approvisionnaient chez les Lafitte qui leur offraient des prix défiants toute concurrence. Tout le monde en tirait satisfaction et bénéficiait de marges alléchantes qui décuplaient le commerce et voyaient l'augmentation fulgurante des fortunes locales. Les Lafitte avaient créé un réseau de connaissances plutôt fructueux. Parmi leurs relations, James Bowie, pionnier incontournable du grand sud et futur héros de la révolution au Texas[10]. Avec son frère John, Bowie revendait des esclaves dans la paroisse Saint Landry dans laquelle le planteur de coton Hippolyte Chrétien, ami des Lafitte, achetait cette main d'œuvre propice au développement de sa plantation. Le même trafic s'opérait avec la famille de Pierre Ronchon, planteur et premier armateur de Mobile, et d'autres réfugiés français forcés d'abandonner Saint Domingue pendant la révolte des esclaves. Avec le temps, Jean

---

[10] Né en 1796, James Bowie était originaire du Kentucky. Avec sa famille, il s'installa en Louisiane dès 1802. En grandissant, il apprit à parler non seulement l'anglais, mais aussi l'espagnol et le français. Il s'engagea dans la milice en 1814 de la Nouvelle-Orléans pour combattre les Britanniques, mais il arriva trop tard. Son partenariat avec Jean Lafitte commença en 1818. Intrépide, il s'impliqua dans de nombreuses aventures. Il trouva la mort pendant la légendaire bataille de l'Alamo au Texas le 6 mars 1836.

devint un marin habile à déjouer les caprices des vents et des tempêtes. Il se montrait inégalable à distancer ses poursuivants quand il ne pouvait avoir l'avantage sur les navires militaires lancés à sa recherche. Il était aussi incomparable à débusquer des vaisseaux chargés d'une cargaison alléchante. On lui connaissait un tempérament ardent, un caractère aventureux, une bravoure à toute épreuve. Mais il était trop peu scrupuleux, surtout sur le choix de ses relations parfois plus que douteuses. Admiré pour ses exploits maritimes et la façon dont il s'était imposé dans un milieu sans pitié, les hommes d'affaires qui profitaient de cette manne le considéraient plus comme un corsaire qu'un pirate sans foi ni loi. Des hommes de confiance placés aux commandes de navires appartenant aux Lafitte agissaient en leur nom, semant la confusion, faisant croire à un don surnaturel de Jean Lafitte, à une capacité d'être à plusieurs endroits différents en même temps.

Lorsque l'embargo interdit aux navires américains de mouiller dans les ports étrangers, les frères Lafitte transférèrent leur entreprise dans la baie de Barataria, à l'écart de la marine américaine et de ses officiers des douanes, mais suffisamment proche de la Nouvelle-Orléans et de leur fidèle clientèle. Ils y développèrent une base prospère et attractive pour une armada de marins en quête d'aventures et de profits. Jean multipliait les conquêtes féminines. La femme du gouverneur Claiborne elle-même ne put résister à son charme.

En 1812, alors que la Louisiane devenait un état, les Anglais rentrèrent en guerre contre la jeune nation américaine, trente ans après la proclamation de leur indépendance. En paix par contre avec l'Espagne, les autorités ne pouvaient tolérer la présence de contrebandiers et de pirates sur leur sol sans s'exposer à des complications internationales. Il fallait donc procéder à l'expulsion des Lafitte, voire à leur arrestation. Le gouverneur William Claiborne avait pris les devants lorsque les rumeurs que son épouse avait, elle aussi, succombée aux charmes du pirate Jean Lafitte et qu'il se sentait pousser des cornes, il fit arrêter Pierre lorsque son frère menait une opération en mer. Jean était connu pour être bel homme, aux formes athlétiques et plutôt grand pour l'époque. Son visage était pourvu des grands yeux expressifs et agrémenté d'une épaisse chevelure noire et de moustaches élégantes. Auprès de la gente féminine, il se montrait poli, réservé dans son maintien et ses paroles, capable de savoir-vivre et d'une générosité de cœur attestée par son entourage.

Pierre en prison pour trafic et contrebande illégale, Claiborne avait un moyen de pression sur les agissements de l'amant de sa femme. Il pourrait aisément obtenir de lui qu'il cesse de la revoir en secret en dépit du fait qu'il devenait clair que la population avait découvert le pot-aux-roses. Aux regards et aux sourires contrits qui se lisaient sur les visages de son entourage quand il parlait du pirate ou de son épouse, lui parut l'urgence de mettre un terme à cette situation embarrassante. A partir de là, il exigerait de lui qu'il quitte le pays sous peine de se retrouver sous les verrous pour très longtemps, ou peut-être même pendu à une corde si la justice le décidait ainsi. Mais il savait qu'il aurait à affronter un jury favorable à Lafitte étant donné que la plupart des notables et des hommes d'affaires bénéficiaient des marchés conclus avec le flibustier.

Lorsqu'une flotte anglaise se présenta dans le Golfe du Mexique, le sort des Lafitte changea aussi brutalement que l'éventualité d'une attaque imminente. L'amiral anglais, sachant parfaitement qu'il naviguait en eaux troubles et sur les terres du célèbre Lafitte, ne rechignait pas à se compromettre avec la vile engeance pour parvenir à ses fins et accomplir sa mission. Il dépêcha des espions chargés de connaître l'état des forces en présence et par la même occasion découvrit que Pierre était en prison et que Jean cherchait un moyen de le faire libérer. Profitant de l'occasion, une délégation alla à sa rencontre dans la baie de Barataria. On lui proposait une forte somme d'argent, la promesse de faire libérer son frère, et l'obtention d'un brevet de capitaine dans la flotte anglaise s'il coopérait avec eux à la prise de la Nouvelle-Orléans. Méfiant, Lafitte joua toute en finesse et réclama, comme le protocole l'obligeait en la matière, un délai de réflexion à l'écoute de cette proposition qu'il déclarait alléchante. Les distances et les moyens de circulation limités aidant, il leur ferait part de sa décision dans les huit jours, ce qui obligeait les Anglais à retarder leur plan d'attaque.

Lafitte retourna en ville et demanda un entretien urgent avec le gouverneur qui accepta de le rencontrer, pensant qu'il venait négocier la libération de son frère en échange de leur départ. C'était l'heure du dîner, et Claiborne reçut le corsaire dans sa salle à manger alors qu'il était à table en compagnie de son épouse dont le visage blêmit à l'entrée de son amant. Elle craignait le pire mais comprit que l'objet de cette visite inattendue ne portait pas sur leur relation. Elle se retira discrètement, les yeux baissés, pour laisser les deux hommes à leurs affaires.

Lafitte lui fit part de l'offre anglaise et de ses préparatifs. Claiborne se montra très agressif au début de l'entrevue. Il était pour le moins déçu que Lafitte ne lui suppliait pas de faire libérer son frère en échange de leur départ sans condition. Sa déception devint curiosité et il tendit très vite une oreille plus attentive. Le bout de ses doigts cessèrent de pianoter la table massive en bois de chêne. Il pensait que la sécurité de la ville n'était pas compromise jusqu'au récit du corsaire. Le délai négocié par Lafitte leur donnait le temps de s'organiser, de rassembler la milice sous les armes, d'élever des remparts et d'avertir le général Jackson en campagne avec ses maigres troupes du Kentucky, une horde de soldats de fortune pour la plupart sans uniforme. L'armée américaine manquait de soldats, de moyens et n'avait pas l'expérience des Britanniques. Leur marine était insignifiante en comparaison de la puissance navale anglaise.

Après avoir conclu un marché visant à faire libérer Pierre de prison en échange de ses informations, Jean accepta de placer cinq cents de ses hommes aux côtés du général Andrew Jackson contre une nouvelle tentative d'invasion de la Nouvelle-Orléans, port clef pour la reconquête de l'Amérique du Nord. Les forces en hommes et en canons volés aux galions espagnols et anglais pendant les abordages, conféraient aux frères Lafitte un avantage de poids. Courtisés par les deux camps, le choix se fit au détriment des Anglais qui étaient prêts à exonérer les Lafitte de leurs actes de piraterie à l'encontre des navires de Sa Majesté. Au cours de la célèbre bataille du 8 janvier 1815 qui se déroula dans la région aujourd'hui nommée Chalmette, non loin de la Nouvelle-Orléans, les canons et les hommes des frères Lafitte contribuèrent à tuer ou blesser trois mille soldats anglais alors que moins d'une centaine d'américains périrent dans l'affrontement. Seulement trois hommes de Lafitte trouvèrent la mort.

Le flibustier fut glorifié par les plus hautes instances et déclaré héros national ayant contribué largement à jeter une ultime fois les britanniques hors de la Louisiane et des États-Unis. Plusieurs hommes de Lafitte montrèrent leur grande habilité au combat. L'histoire distingue de façon surprenante Renato Beluche et Dominique You, deux lieutenants proches de Lafitte dont le général Jackson fit l'éloge public mentionnant leur bravoure. Jackson appuya You auprès du haut commandement militaire pour lui obtenir la charge d'une flotte de guerre. Dominique You vécut à la Nouvelle-Orléans jusqu'à un âge avancé, honoré de l'amitié du célèbre général. À sa mort, un monument lui fut élevé. Au cimetière Saint Louis où il repose aujourd'hui, on peut lire cette épitaphe :

« Ci-git le vainqueur de cent combats sur terre et sur mer ».

Jean Lafitte aurait pu profiter de sa gloire pour s'amender de tous ses crimes. Il aurait pu saisir l'opportunité de trouver des méthodes plus honorables de faire de l'argent, mais au lieu de cela, il choisit de reprendre la mer pour s'attaquer de nouveau aux navires espagnols[11]. Il ne se sentait pas l'âme d'un bourgeois sédentaire. Il lui fallait embrasser les vastes horizons, la houle et les vents chauds des tropiques, la clameur des tempêtes et les furies de la nature. Il recruta de nouveaux équipiers intrépides et se lança à la poursuite des navires aux soutes alourdies. Le « corsaire du Golfe » reprenait du service, alimentait une fois de plus les conversations et parait sa légende de nouveaux exploits. Le grand poète anglais Lord Byron prit la plume pour l'immortaliser. Il fut alors placé, avec son frère, sur la liste noire des criminels recherchés. Il n'eut pas d'autre choix que de fuir la Louisiane américaine pour trouver refuge dans les territoires plus à l'ouest, au Texas.

À cette époque, le Texas était espagnol. Mais la capitale, Mexico, se trouvait si loin, que les terres les plus excentrées comme l'est et le nord du Texas fonctionnaient dans l'anarchie la plus complète. Jean Lafitte en profita pour fonder sur la côte le premier port cotonnier de Galveston pour reprendre son trafic maritime jusqu'en 1821. Il y fit construire sa résidence à l'architecture insolite et reconnaissable de loin parce que peinte en rouge. Six navires protégeaient le village et le port, avec à son service une légion de marins déterminés. Épaulé par son frère, Jean joua sur tous les tableaux pour consolider leur contrôle de la région, refusant de collaborer avec le colonel Hall de l'armée américaine qui escomptait un soutien dans une expédition contre le Mexique. Il chassa le corsaire français Louis-Michel Aury qui harcelait les galions et provoquait l'anarchie dans les colonies espagnoles. Aury était un aventurier de la pire espèce. Il avait pillé un vaisseau américain avec ses acolytes et tentait à présent de se réfugier à Galveston. Lafitte le fit arrêter et Brown, son lieutenant, fut pendu sur le rivage en

---

[11] L'aversion de Lafitte envers l'Espagne tiendrait au fait que sa grand-mère était juive et qu'elle aurait subi la répression des catholiques espagnols toute sa vie durant, ce qui tendrait à confirmer que les racines des Lafitte se trouveraient dans le pays basque.

présence des membres de sa flotte mouillant dans le port. L'exécution était salutaire pour son autorité et le comportement de ses hommes qui n'avaient rien d'enfants de chœur. Il fit subir le même supplice à l'un de ses matelots compromis dans une fâcheuse tentative de vol et de meurtre sur un américain du nom de Kuykendall. Ses méthodes expéditives et le pouvoir qu'il exerçait dans la région commençait à gêner les politiciens et les officiers. Décrit en haut lieu comme un détrousseur de haute mer semant la terreur dans le sillage de ses trop nombreux vaisseaux, le peuple continuait de voir en lui le protecteur du faible respectant la vie et les biens des honnêtes gens.

Le gouvernement américain échafauda un plan d'éviction et mobilisa des forces imposantes, car il s'attendait à une résistance brutale et sanglante, ce qui ne fut pas du tout le cas. Le pirate reçut avec courtoisie l'officier chargé de lui signifier l'ordre d'évacuation, lui offrit, dans sa résidence, une somptueuse hospitalité, et donna l'ordre à tout son monde de hâter les préparatifs du départ. Lorsque toutes ses valeurs furent embarquées, il fit mettre le feu à Maison Rouge et le fort qui protégeait sa propriété, et, à la lueur de l'incendie, le 12 mai 1820, il s'éloigna avec sa flotte. Une nouvelle loi américaine punissait de pendaison les trafiquants d'esclaves. Les chances de pouvoir remettre en toute quiétude un pied sur les terres américaines s'amenuisaient au fil de l'installation de postes avancés chargés de la surveillance des côtes et des frontières.

72. La dernière lettre connue de Jean Lafitte forcé de quitter le Texas et les États-Unis.

Pierre Lafitte succomba à une fièvre aigüe dans le Yucatan la même année. Deux ans plus tard, Jean devint corsaire au service de la jeune république de Colombie affranchie du joug espagnol. On le crut mort au cours d'un combat naval contre une flottille espagnole en 1823 à bord de son navire, le *Général Santander*. D'autres rumeurs le signalaient disparu au cours d'un ouragan destructeur en 1826 qui ravagea l'île de Mugères près du Yucatan où il résidait. Mais on retrouva des traces de lui des années plus tard et certains affirmèrent qu'il est mort en 1858.

Un manuscrit controversé intitulé *Journal de Jean Laffite*, fait surface vers 1940 et raconte la fin de sa vie à Saint Louis dans le Missouri. Les mentions des noms et des lieux sont exactes et même le nom est écrit tel qu'il aurait dû toujours être épelé, avec 2 « f » et un seul « t », comme la signature authentique du célèbre flibustier. Le document original découvert dans une malle par un de ses descendants avec un certain nombre de documents de famille, est exposé à la bibliothèque Sam Houston de Liberty au Texas. Les débats et les recherches continuent aujourd'hui sur la possibilité que ce journal soit une contrefaçon datant du vivant de Lafitte et dédié à sa légende. Toujours est-il que les deux frères avaient amassé une immense fortune. Menacés de voir leurs biens confisqués, leur butin serait caché quelque part dans les bayous inexpugnables. On continue de chercher leur trésor aujourd'hui.

En revanche, il est toujours possible de visiter les lieux occupés par les Lafitte pendant leurs années passées à la Nouvelle-Orléans. Pierre y travaillait comme forgeron dans l'atelier de maréchal-ferrant qu'il avait acheté en 1804 sur la rue Bourbon. La maison est faite de pierre et de briques, bâtie dans le plus pur style français et se dresse là depuis plus de 250 ans. Elle demeure l'un des rares bâtiments de l'architecture française de style Louis XV (briquettes entre poteaux) à avoir survécu aux deux incendies massifs qui ont détruit une grande partie du Vieux Carré en 1788 et 1794. Cela explique aussi pourquoi la plupart des habitations du quartier ont été reconstruites dans le style espagnol de l'époque. L'endroit était devenu la vitrine commerciale du fameux pirate et corsaire Jean Lafitte. Comme l'immense majorité des commerces du Vieux Carré, les affaires s'effectuaient au rez-de-chaussée et les propriétaires vivaient au premier étage.

L'intérieur de l'édifice vous renvoie dans l'époque particulière du $18^{\text{ème}}$ siècle. L'endroit est sombre, sobre. La structure est authentique, avec des poutres apparentes. Des bougies éclairent les tables et les chaises de bois dès le soir tombé.

73. Le plus célèbre bar de la ville sur la rue Bourbon.

L'édifice fut utilisé à des fins commerciales depuis plus de 250 ans. Il est même certifié qu'il serait le bar qui ait fonctionné le plus longtemps en continuité dans tous les États-Unis.

L'âtre de la cheminée de la forge servait de cache à certains bijoux et objets précieux que Jean Lafitte affectionnait et refusait de mettre sur le marché. Du temps où la cheminée fonctionnait encore, certains affirmaient découvrir dans les braises mourantes deux charbons ardents tels des yeux rougeoyants dans les profondeurs de l'âtre. Les spécialistes de l'occultisme rappellent que les entités surnaturelles hantent principalement les lieux qui possèdent un lien affectif puissant avec des faits de leur vie passée. Jean Lafitte entreposait le fruit de ses rapines maritimes et dissimulait ce qu'il voulait garder pour lui-même, fasciné par la magie de l'or et ensorcelé par le chatoiement des pierres précieuses. Mais qui ne l'était pas ? Il y a aussi forgé d'innombrables plans d'attaques.

Une aura semble entourer la cheminée génératrice de points froids que les clients remarquent à l'occasion en se déplaçant autour de l'âtre historique. Ils auraient ressenti un courant glacé, presque un contact invisible se poser sur eux, et plus particulièrement lorsque se faisait sentir l'odeur du cigare que prisait le célèbre pirate…

Les angles sombres du bar ne sont pas sans éveiller les commentaires des clients et des serveurs. Certains ont cru y percer la silhouette d'un homme grand, le regard implacable, lissant sa moustache avec une main gantée.

Des silhouettes féminines sont décrites aussi dans ces témoignages qui abondent toujours dans le même sens. Les Lafitte s'entouraient de nombreuses femmes lors de leur séjour en ville. Ils étaient généreux et peu soucieux des conventions. Il y soufflait ainsi un vent de liberté fort apprécié. Les barriques de vin, de rhum et de bière étaient stockées dans une remise derrière l'atelier et les occasions ne manquaient jamais pour en percer une et célébrer un contrat, un abordage victorieux ou une nouvelle conquête féminine. À l'écart du protocole de l'époque qui imposait aux femmes de la bonne société de se couvrir les mains, le cou et les cheveux en public, de résister à l'envie de manifester des émotions exagérées, certaines d'entre elles venaient prendre la mesure d'un moment de relâche, de se découvrir, de se libérer du carcan des conventions, d'éclater de rire, de boire de l'alcool et même de fumer le cigare.

Les choses ont bien changé à présent. Il faut parfois beaucoup de diplomatie aux patrons de bar pour obtenir de certaines clientes de montrer un peu plus de pudeur et de faire moins l'étalage de leurs avantages. Ainsi, l'établissement des Lafitte continue d'attirer les foules. Piliers de bistrot, passionnés d'histoire et de légendes, touristes curieux et chasseurs de fantômes envahissent les lieux de l'ouverture à la fermeture et ce, tout au long de l'année. Il y a encore quelques années, avant que les fenêtres de l'étage ne soient obturées à cause des accidents qui se produisaient à l'extérieur, les rumeurs basées sur des expériences surnaturelles alimentaient les conversations qui font aujourd'hui partie intégrante des visites guidées pédestres, en calèche et en tout autre véhicule autorisé à circuler dans le Vieux Carré.

Au premier étage, il est dit qu'un miroir laissait entrevoir parfois la réflexion d'une femme énigmatique qui au contraire des autres apparitions ne souriait pas et semblait appartenir à la société la plus en vue de l'époque. Certains y ont vu Marie Laveau qui venait souvent s'approvisionner auprès des deux frères. D'autres pensaient plutôt à la présence de Delphine Lalaurie qui entretenait un commerce de drogues illicites à des fins expérimentales que l'on savait fatales sur ses esclaves martyrisés. Informés de ces apparitions troublantes répétées, les passants se tordaient le cou pour tenter de voir à l'intérieur des pièces de l'étage et peut-être y apercevoir le miroir en question. Absorbés dans cette tâche, quelques uns ont eu la désagréable surprise de percuter un panneau indicateur, de trébucher sur le trottoir défoncé ou de se tordre la cheville dans le caniveau. La crainte de poursuites judiciaires de la part d'un avocat agressif a persuadé les propriétaires prudents de condamner les fenêtres incriminées dans les rapports des victimes.

De l'autre côté de la rue, à deux pas du célèbre repère des frères Lafitte, dans cette ancienne pension de famille du 1003 de Bourbon appelée *Lafitte guest house*, une petite fille qui périt de la fièvre jaune apparaîtrait de façon régulière dans le miroir accroché près de la porte de la chambre 21. Cette pièce fut jadis celle de sa pauvre mère accablée par sa disparition tragique. Il est dit que sa mère fut à ce point contrariée quand la petite Marie mourut qu'elle ne put se résoudre à quitter l'endroit. Des témoignages font état de lampes fonctionnant sans que quiconque de visible les ait actionnées, peut-être parce que la jeune Marie aimait autrefois errer à son gré dans la propriété, y compris aux heures les plus tardives.

Le culte des esprits

L e vaudou fut introduit en Louisiane avec l'arrivée des premiers esclaves d'Afrique. Des références précises furent enregistrées par des écrivains comme Le Page du Pratz dans son *Histoire da la Louisiane* paru en 1758. Il y mentionnait que plusieurs centaines d'Africains se rassemblaient parfois pour célébrer des rituels, que leurs membres confectionnaient et manipulaient des « gris-gris » auxquels ils semblaient très attachés, qu'ils réagissaient très mal si ces objets leur étaient retirés, détruits ou perdus. Des documents officiels font état de la crainte que les habitants de la Nouvelle-Orléans nourrissaient à l'égard des rites pratiqués par des esclaves, qu'ils se sentaient menacés devant l'évidence que ces adeptes tentaient de rallier d'autres esclaves et qu'ils constituaient une force susceptible de nuire au fonctionnement du tissu social établi. Les Français, puis les Espagnols limitèrent puis bannirent l'importation de main d'œuvre en provenance des Antilles. Avec l'arrivée des Américains, la réglementation fut modifiée. La période d'adaptation et la lente transition facilitèrent le commerce illégal et un certain laxisme dans les contrôles portuaires. La région vit alors l'immigration massive d'insulaires venus d'Haïti.

Le vaudou qui signifie en langue fon « culte des esprits », tire ses racines des pratiques religieuses et magiques africaines associées au culte catholique. En effet, au 16ème siècle, pour pallier à la disparition des indiens en tant que main d'œuvre, des millions d'esclaves africains vont être déportés dans les colonies du Nouveau Monde et notamment sur l'île de St Domingue (qui deviendra plus tard Haïti le 1er janvier 1804 après les révoltes commencées en 1791). C'est là que naquit le vaudou. Sous l'influence et l'oppression des colons, les esclaves métissèrent leurs traditions africaines au culte catholique imposé alors par les prêtres et les planteurs blancs.

Très vite les réunions secrètes se multiplièrent dans les champs de coton, les forêts et les lacs. Il n'était alors pas rare d'entendre s'élever, à la nuit tombée, d'étranges psalmodies chantées au rythme des tambours. Le vaudou peu à peu devint un outil de cohésion entre les esclaves, une communion spirituelle et sociale dans la résistance face à l'esclavage. A tel point que ce fût lors de la cérémonie de Bois-Caïman en août 1791 que fût prêté le serment qui donnera lieu à la première grande insurrection à Haïti.

Par la suite, avec la proclamation de la première république noire d'Haïti en 1804 et les migrations des esclaves, le vaudou dépassa les frontières des Antilles. C'est à cette époque que la Nouvelle-Orléans devint la place forte du vaudou aux États-Unis. Avant 1803, la Louisiane appartenait à la France puis à l'Espagne. Les colons réfugiés en Louisiane, témoins marqués à jamais par les événements sanglants de Saint Domingue, interdirent toute importation d'esclaves venant de ces contrées. Mais la Louisiane fût rachetée par les américains qui imposèrent une réglementation plus stricte qu'il fallut longtemps pour être appliquée. Les esclaves des Caraïbes affluèrent alors à la Nouvelle-Orléans en transitant par des bases qui évitaient à leurs marchands de tomber sous le coup de l'illégalité. Certains étaient des gens de couleur libres, des affranchis ou esclaves en fuite qui débarquèrent par leurs propres moyens dans l'espoir de trouver de quoi vivre en Louisiane. D'autres arrivèrent avec leurs maîtres qui fuyaient la révolte. Certains amenèrent avec eux le vaudouisme.

74. La Bamboula était dansée à Congo Square (aujourd'hui le parc Louis Armstrong). Une illustration d'Edward Kemble datant de 1886.

Les premiers lieux de rassemblement furent le Bayou Saint John et les abords du lac Pontchartrain, lieux qui demeurent célèbres pour leurs cérémonies. Dès 1817, les maîtres d'esclaves commencèrent à craindre ces rassemblements. Toute forme d'attroupement fût alors interdit en dehors de zones et d'horaires bien déterminés, en l'occurrence les dimanches après-midi au square Congo. Les esclaves et les affranchis y faisaient des simulacres de leurs danses vaudous devant les tenants de la société créole. Bien sûr, en marge de ce qui était montré en public, ils continuaient à se retrouver en secret pour pratiquer le véritable vaudouisme.

Aujourd'hui le vaudou a atteint un rayonnement mondial, même s'il reste prédominant dans les Caraïbes, et dans certains pays d'Afrique comme le Bénin. Encore de nos jours, le vaudou est craint et souvent vu comme une religion diabolique. Ceci s'explique par le contexte de l'époque où est né le vaudou. Les grandes religions du monde voient souvent d'un mauvais œil les pratiques religieuses non conformes à leurs dogmes et ont, pour la plupart, souvent adoptées une stratégie d'expansion. De ce fait l'essor du vaudou dans les colonies au 19ème siècle était perçu comme un danger pour l'évangélisation du Nouveau Monde, d'où la diabolisation de ces rites. La seconde raison à cette mauvaise réputation vient du fait que le vaudou, de par ses mystères et les peurs qu'il pouvait engendrer, fût un sujet qui inspira énormément de fictions hollywoodiennes qui en montraient les aspects les plus extrêmes et les plus sombres.

Le vaudou est une religion originaire de l'ancien royaume du Dahomey en Afrique de l'ouest. Il est toujours largement répandu au Bénin et au Togo, comme dans le célèbre marché des féticheurs à Lomé.

Le culte vaudou compte environ 50 millions de pratiquants dans le monde. On trouve encore de nombreuses communautés à travers le monde entier, majoritairement sur le continent américain, et aux Antilles.

Le vaudou est né de la rencontre des cultes traditionnels des dieux yorubas et des divinités fon et éwé, lors de la création puis l'expansion du royaume Fon d'Abomey aux 17ème et 18ème siècles. Vaudou est l'adaptation par le fon d'un mot Yoruba signifiant « dieu ». Le vaudou désigne donc l'ensemble des dieux ou des forces invisibles dont les hommes essaient de se concilier la puissance ou la bienveillance. Il est l'affirmation d'un monde surnaturel, mais aussi l'ensemble des procédures permettant d'entrer en relation avec celui-ci. Le vaudou est un culte à l'esprit du monde de l'invisible. À chaque ouverture, le prêtre vaudou demande l'aide de l'esprit de Papa Legba pour ouvrir les portes des deux mondes.

Le vaudou peut être décrit comme une culture à part entière, un héritage venu de plusieurs horizons, une philosophie orientée vers la communication extrasensorielle, un art élaboré, des danses codées, un langage spécifique, un art de la médecine, un style de musique, une justice, un pouvoir, une tradition orale dotée d'un arsenal rituel.

Avec la traite négrière, la culture vaudou s'est étendue à l'Amérique et aux îles des Caraïbes, notamment Haïti. Elle se caractérise par les rites d' « incorporation » (possession volontaire et provisoire par les esprits), les sacrifices d'animaux, la croyance aux morts vivants (zombies) et en la possibilité de leur création artificielle, ainsi que la pratique de la sorcellerie sur des poupées à épingles (poupée vaudou).

La pratique de leur religion et culture était interdite par les colons, passible de mort ou d'emprisonnement, et se pratiquait par conséquent en secret. Le vaudou a cependant intégré les rites et conceptions catholiques, le rendant ainsi acceptable. Ainsi est né le « vaudou chrétien ».

Dans les années 1950, le Vatican a fait la paix avec le culte vaudou. Les percussions et mélodies vaudou sont même intégrées dans les cérémonies et messes dans les églises catholiques. Le vaudou a perduré et ses pratiquants affichent sans craintes leur croyance.

En 1987, le film *Angel Heart* est adapté assez fidèlement du roman *Falling Angel* de William Hjortsberg, mis à part l'introduction d'un enfant d'Epiphany Proudfoot conçu lors d'une cérémonie vaudou par un démon. Alors que l'ensemble du roman se déroule à New York, la fin du film, elle, se déroule à la Nouvelle-Orléans et présente un univers plus sombre.

Alan Parker offrit le rôle d'Harry Angel à Al Pacino, Jack Nicholson et Robert De Niro, avant que Mickey Rourke ne soit choisi. Marlon Brando fut un temps pressenti pour celui de Louis Cyphre. Alan Parker prétendit que l'interprétation de Robert De Niro en tant que Louis Cyphre était si réaliste et terrifiante, qu'en général il préférait l'éviter durant ses scènes, le laissant se diriger lui-même.

Gabriel Knight : The Sins of the Fathers est un jeu d'aventure vidéo se déroulant à la Nouvelle-Orléans dont le thème principal est le vaudou.

La Secte rouge, épisode 19 de la première saison de *Bones*, situe l'intrigue au cœur de la Nouvelle-Orléans après l'ouragan Katrina et met en scène deux factions vaudous opposées.

La prêtresse vaudou

Au 1020 de la rue Sainte Anne, se trouve le site de la maison de Marie Laveau. On rapporte avoir vu une silhouette lui ressemblant marcher le long de cette rue qu'elle empruntait tous les jours pour rentrer chez elle. Les témoignages concordent tous étrangement. L'apparition porte une longue robe blanche et la tête coiffée d'un tignon, une longue écharpe nouée sept fois autour de la tête. Ce style de coiffe en forme de turban était porté par les femmes créoles de couleur. Son port avait été imposé en 1785 par le gouverneur espagnol Esteban Miro à travers une réglementation appelée « loi tignon » qui tentait de privilégier la maigre communauté féminine blanche de la bonne société qui se plaignait que ces femmes de couleur leur faisaient de l'ombre, accaparant les regards de leurs époux, détournant les hommes du droit chemin, les incitaient au vice en exposant leur épaisse chevelure aux reflets de jais. Certaines d'entre elles étaient des « placées » auprès de riches notables blancs et éveillaient bien sûr la jalousie et la colère des épouses légitimes et des fiancées potentielles. Il leur fut imposé de se couvrir la tête et de s'habiller de façon à ne pas attirer le regard d'autrui. Elles devaient aussi bannir le port de bijoux, de plumes et autres colifichets, maintenant ainsi les écarts entre les classes sociales.

Avec le temps, ces lois allaient être habilement transgressées. Les créoles de couleur affirmaient la reconnaissance de leur culture, le madras de couleurs vives concentrant la créativité et la fantaisie de celles qui portaient maintenant le tignon avec une évidente fierté.

Dans la pharmacie d'une rue avoisinante, une employée raconte avoir vue Marie Laveau se matérialiser devant un client qu'elle simula de gifler. Peut-être l'avait-il vexée alors qu'il s'efforçait d'ignorer sa présence. La silhouette reconnaissable s'éleva alors jusqu'au plafond avant de s'évaporer aussi rapidement qu'elle était apparue.

75 - Marie Catherine Laveau est née le 10 septembre 1794. Elle décède le 15 juin 1881 à l'âge de 86 ans.

Marie Laveau était une femme complexe dont la foi reposait sur deux religions : le catholicisme et le vaudou. Sa dévotion spirituelle la rapprocha du père Antoine et de son action charitable auprès des pauvres et des malades. Œuvrant sans relâche auprès du prêtre de la paroisse, Marie Laveau consacrait une partie de son temps à soigner les patients ayant contracté la fièvre jaune En dépit de ses efforts et des manifestations de sa foi, l'Église lui refusa les sacrements lorsqu'elle mourut. Les autorités religieuses lui reprochaient ses activités occultes qu'elles jugeaient d'un mauvais œil de la part d'une femme qui assistait pieusement aux messes, se confessait chaque dimanche, priait et invoquait les saints tout en pratiquant des rites barbares à l'occasion de cérémonies nocturnes.

Il est largement admis que Marie Laveau est née en 1794 à la Nouvelle-Orléans. Son père, Charles Laveau, était un riche planteur blanc, et sa mère, Marguerite Darcantel, une belle femme de couleur libre.

Les origines ancestrales de Marie remontent aux fondations mêmes de la Louisiane. Lorsque sa grand-mère maternelle fit rédiger son testament par un notaire, elle mentionna qu'elle était une « négresse » libre de 77 ans, née à la Nouvelle-Orléans de Marguerite et de Jean Belaire, un des domestiques du créole blanc Henry Roche qui avait pour défaut de mettre beaucoup de jeunes filles dans son lit sans tenir compte de leur couleur ou de leur statut. Marguerite serait née vers 1736 et probablement la fille d'une africaine. Elle avait dû débarquer à la Nouvelle-Orléans en 1743 avec le *Saint Ursin*. Le précédent navire avait quitté le Sénégal en 1730, avant la naissance de Marguerite. Le *Saint Ursin* avait levé l'ancre le 5 juin 1743 avec 220 captifs à son bord et parvint à destination le 23 août en n'ayant perdu qu'une trentaine d'esclaves. Le sang de la tribu Wolof coulait dans les veines de Marguerite, un peuple de grande taille, à la peau très foncée, connu pour ses aptitudes au commerce et au troc, intelligent et d'allure élégante, ce qui destinait les captifs de cette origine à devenir des domestiques de maison ou à commander d'autres esclaves de tribus différentes n'ayant pas les mêmes dispositions.

Catherine, la future grand-mère de Marie, avait eu quatre enfants naturels et nommait aussi dans son testament ses petits-enfants, dont Marie. Les registres officiels lui attribuaient une descendance africaine, pas celle d'une mulâtresse au sang mêlé. Ce qui tend à prouver qu'elle ne fut pas conçue pas un blanc. Très vite, par manque de choix dans la population féminine blanche, les unions libres et les relations interraciales se multiplièrent pour laisser se développer la communauté très particulière des gens de couleur libres. Plus tard, les enfants nés d'une mère de couleur libre étaient libres eux-mêmes. Certains esclaves furent affranchis par gratitude ou par affection. D'autres, d'une manière beaucoup plus rare, eurent l'occasion de racheter leur liberté à leurs maîtres. Enfin, quelques-uns parvinrent à fuir dans les marais et les bayous inaccessibles pour s'unir à d'autres fugitifs ou à des membres des tribus indiennes et vivre du produit de la chasse et de la pêche. Ils étaient appelés les « marrons ».

Avant d'être affranchie, Catherine avait été la propriété de plusieurs maîtres. Le dernier en date fut Françoise Pomet, une femme de couleur libre qui la prit à son service moyennant la somme de 850 pesos, somme dont elle ne disposait pas. Elle remit au précédent propriétaire de Catherine, Jean Joseph Bizot, la moitié de la somme lui promettant que le reste lui serait payé en fin d'année. Pour cette raison et se garantir que le paiement serait honoré comme promis, Bizot garda le fils aîné de Catherine mais le libéra de cette obligation quelques mois plus tard en réponse à une « promesse faite » à la mère du garçon de dix ans.

Quatre ans plus tard, Catherine passait devant notaire pour obtenir sa liberté que Françoise Pomet avait estimé à 600 pesos. Avec l'argent qu'elle économisa ensuite en travaillant comme marchande de rue, elle fut en mesure de s'acheter un lopin de terre sur la rue Sainte Anne, entre Rampart et Bourgogne, et finança la construction d'un petit cottage créole qui deviendrait un jour la résidence de sa petite-fille Marie. La loi n'imposait pas alors qu'une mère soit nécessairement vendue avec ses enfants. L'investissement était souvent trop onéreux sachant qu'à l'époque un esclave compétent et bien formé pouvait coûter jusqu'à 1500 dollars, soit 22 mille euros aujourd'hui. Selon les finances et les choix personnels des propriétaires, les familles se retrouvaient souvent séparées. En ville, les conditions n'étaient pas aussi dramatiques que dans les plantations où des parents pouvaient risquer de voir leurs enfants vendus séparément et être acheminés à plusieurs heures de route de là, voire plus loin encore. L'activité fébrile d'un port commerçant comme la

Nouvelle-Orléans offrait toujours l'opportunité à chacun de retrouver un membre de sa famille au cours d'une visite, d'un achat chez un commerçant ou d'une célébration quelconque.

Marguerite, 16 ans, la fille de Catherine, celle qui deviendrait la mère de Marie, était restée au service d'Henry Roche qui sentant la mort venir, rédigea son testament. Marguerite devait appartenir à la fille d'Henry Roche, mais ce dernier préféra la vendre à François Langlois pour 913 pesos. Un an et demi plus tard, Marguerite était affranchie pour « bons et loyaux services ». On ne sut jamais qu'elle fut la relation que la jeune esclave émancipée avait eue avec son maître. La somme investie sur une période de temps aussi courte semble parler d'elle-même…

Marguerite avait le choix des armes : devenir la concubine d'un riche protecteur blanc ou se marier avec un homme de couleur. Après son émancipation de 1790, elle fut placée chez d'Henri d'Arcantel, un célibataire assez âgé pour être son père. Elle eut trois enfants de lui : Marie Louise, Antoine et Michel. Libre de fréquenter à sa guise, Marguerite rencontra Charles Laveau qui la mit enceinte. Le 16 septembre 1801, âgée de six jours, la petite Marie fut baptisée par le père Antoine sans que son père la reconnaisse. A l'inverse de ce qui a pu être dit jusqu'à aujourd'hui, Laveau était un homme de couleur libre qui avait très bien réussi dans les affaires. Il était lui-même le fils naturel d'une « négresse » libre nommée Marie Laveau. Son père, probablement Charles Laveau Trudeau, riche homme blanc influent, n'avait jamais reconnu ce fils naturel qui finalement admit en revanche que Marie était bien sa fille avec laquelle il resta d'ailleurs très proche tout au long de sa vie.

On sait peu de choses de l'enfance de Marie Laveau. Elle grandit dans une ville marquée par une grande diversité ethnique. La Nouvelle-Orléans était connue pour être un lieu « exotique » mêlant les saveurs de cultures opposées aux charmes des traditions les plus inattendues mais aussi les plus choquantes pour ceux qui n'y étaient pas nés ou qui n'y vivaient pas depuis un certain nombre d'années. Le tissu social semblait impossible à décoder pour un américain venant s'installer en ville. Les nouveaux arrivants venus d'autres états esclavagistes ne connaissaient que le concept de permanence de l'esclavage lié à l'infériorité des peuples en provenance de terres sauvages. D'une société à deux niveaux, ils découvraient une structure à trois niveaux, les blancs, les noirs et les métissés qui ne se répartissaient pas nécessairement de manière respective dans le clivage hermétique de trois classes sociales. L'équilibre de la hiérarchie créole reposait non sur la race, mais sur le statut et l'opportunité.

L'un des lieux les plus fameux de la ville pour y comprendre son fonctionnement atypique était Congo Square. Dans l'univers catholique des créoles, les esclaves avaient également le droit de profiter de leur dimanche et des jours fériés du calendrier religieux. Cette espace situé au nord du Vieux Carré était aussi surnommé « Place des nègres » car les esclaves venaient tous les dimanches après la messe obligatoire, renouer avec leurs propres traditions, leurs danses et leur musique étant sacrées par nature. L'endroit fonctionnait aussi comme marché de produits frais, de lieu d'assemblée et de rencontres diverses. Lorsque le premier gouverneur américain de Louisiane, William Claiborne, ordonna que les remparts et les forts ceinturant la ville soient démolis pour faciliter l'expansion économique, un espace supplémentaire se découvrit pour devenir un lieu incontournable de l'activité commerciale et culturelle qui attirait bientôt les visiteurs et les gens de passage fascinés par les danses colorées, les musiques exotiques et les manifestations culturelles que l'on pouvait y voir.

Si la grand-mère de Marie fut la concubine esclave de plusieurs propriétaires blancs, si sa propre mère fut affranchie pour être « placée » chez un membre du conseil municipal, Marie était née libre. Personne n'aurait à lui dire dans quel lit il lui faudrait se glisser le soir ni à qui il faudrait rendre « quelques services » en échange de certains avantages. À la lecture de son contrat de mariage, on peut lire qu'elle s'était unie le 27 juillet 1819 à Jacques Paris, un quarteron de Saint Domingue, un homme de couleur libre ayant un quart de sang noir dans les veines. Ce fut le père Antoine qui consacra leur mariage en la cathédrale Saint Louis le 4 août 1819. Ils s'installèrent dans une maison située aujourd'hui au bloc 1900 de la rue Rampart, résidence qui fut donnée par son père Charles comme faisant partie de sa dote. Marie donna le jour à deux filles, Marie Angèle et Félicité dont on retrouve la trace dans les registres baptismaux. Elles devaient mourir très jeunes, laissant un vide cruel dans le cœur de Marie. A l'époque de leur mariage, il n'existe aucune preuve que l'un ou l'autre se soit adonné aux pratiques vaudou. En fait, tous deux avaient été élevés dans la plus pure tradition de la foi catholique. Et il était un fait corroboré par la communauté que Marie Laveau et Jacques se rendaient quotidiennement à l'office religieux.

Entre 1822 et 1824, Jacques ne laissa aucune trace écrite dans son sillage. Il disparut sans que personne ne sût ce qu'il advint de lui. Perdu en mer pendant un voyage d'affaires, décédé brutalement pendant une épidémie et enterré à la hâte dans une fosse commune, ou rentré au pays pour des raisons restées obscures. Il est certain, en tout cas, que Marie fut très affectée par cette disparition mystérieuse, car, pour le reste de son existence, elle se fera appelée dans tous les registres et documents consignés la concernant, la « veuve Paris ».

Pour ne pas entamer l'héritage conjugal, Marie gagna sa vie comme coiffeuse à domicile. Elle rencontra bientôt Christophe Dominique Duminy de Glapion avec qui elle vécut jusqu'en 1855. Glapion était un créole né en Louisiane, fils légitime de parents blancs et de descendance noble de Normandie. Son grand-père était le chevalier Christophe de Glapion, sieur du Mesnilgauches, raccourci plus tard en Duminil puis Duminy. Christophe était un vétéran de la bataille de la Nouvelle-Orléans en 1815. Lorsque Marie Laveau et Jacques Paris avaient déménagé pour s'installer sur Bayou Road, leurs voisins étaient la veuve Glapion et ses enfants, dont Christophe. Les registres mentionnent la naissance d'au moins sept enfants résultant de leur union.

Il est aussi reconnu que Marie avait l'habitude de recueillir de jeunes orphelins errants dans les rues pour leur donner un toit. Archange Édouard naquit le 5 juin 1838 et décéda à l'âge de sept ans. Il fut le seul des fils de Marie et Christophe à survivre aussi longtemps, une tragédie qui affecta profondément le couple. La famille de Marie occupa le cottage de la rue Saint Anne pour presqu'un siècle, de 1798 à 1897.

76. Sur la rue Sainte Anne, Marie Laveau vécut dans un cottage en compagnie de ses enfants jusqu'en 1895. La maison fut démolie avant que l'édifice présent ne voit le jour en 1905.

Marie et Christophe faisaient du commerce d'esclaves comme un certain nombre de leurs concitoyens disposant de moyens financiers suffisants pour l'investissement de départ. Ils achetèrent et revendirent au moins huit esclaves entre 1828 et 1854, date à laquelle Christophe commença à être malade et endetté. Il décéda le 26 juin 1855, à l'âge de 66 ans. La cause de sa mort ne fut pas mentionnée. Veuve une seconde fois, faisant face aux dettes accumulées, Marie risquait de perdre sa maison de Saint Anne. Elle mit tout en œuvre pour rester aux commandes de sa vie et de pourvoir aux besoins de ses enfants qui avaient survécu. Grâce à ses années passées à coiffer les notables, les politiciens et les personnages les plus influents, elle s'était créée depuis la mort du Père Antoine en 1829 un réseau de renseignement très performant. Avec la complicité des domestiques et des esclaves qu'elle initiait au culte vaudou, il lui était devenu presque naturel de percer les secrets de famille les plus intimes. Avec la connivence de ses adeptes convaincus qu'elle possédait le don d'ubiquité, elle fut en mesure d'en tirer profit et de solliciter la « générosité » de toutes celles et tous ceux qui n'avaient pas la conscience tranquille ou qui cherchaient tout simplement un moyen de soulager leur peine, de résoudre un problème, ou d'améliorer leur sort.

Beaucoup lui accordaient des pouvoirs surnaturels hérités de ses origines, confortés par le fait qu'elle était capable de prédire l'avenir, d'annoncer un événement que personne d'autre n'était en mesure de deviner, d'aider à surmonter les épreuves que les conditions d'existence plaçaient sur leur chemin. Elle était devenue aux yeux d'un grand nombre, la « vraie patronne de la ville ». D'un claquement de doigt, elle pouvait faire renvoyer n'importe qui ; de deux, elle garantissait la promotion d'un autre. Dans une ville régit par l'intrigue, la corruption et le trafic d'influence, Marie avait développé l'art et la manière de satisfaire les ambitions, d'aplanir des différents, d'arrondir les angles quand il était nécessaire de le faire. Si sa réputation de femme d'affaires avait fait son chemin auprès de son entourage et de ses relations, elle était également connue pour ses liens avec le vaudou.

Toutes les conditions étaient réunies pour que Marie soit consacrée prêtresse vaudou. Ses origines, ses liens de parenté, ses contacts et ses relations avec les esclaves et les gens de couleur aptitudes forgées par l'acquisition de sa liberté, sa détermination à surmonter les épreuves d'une existence chaotique jonchée d'obstacles, constituaient un terrain favorable sur lequel elle s'engagea sans aucune hésitation. Marie aurait été initiée par la prêtresse Sanité Dédé qui était arrivée de la toute jeune république d'Haïti vers 1809. Alors qu'une autre prêtresse la désignait comme la prochaine reine, Marie tenta de se dérober. On lui fit comprendre qu'elle était par sa naissance celle qui dirigerait la communauté :

« Ta mémé fut l'une des nôtres, continua Sanité d'une voix lente. Je suis arrivée avec sa mère et elle sur le même bateau. Elle était reine sur l'île. C'est pour cela que tu as été choisie. Il est temps pour toi de prendre le même chemin et d'entrer dans le cercle. »

Sa formation achevée, Marie organisa des services et recruta des disciples parmi ses connaissances qui rabattaient pour elle de nouvelles recrues. Elle donnait aussi des consultations privées, préparait et vendait des potions et des « gris-gris ». En constituant un réseau d'informateurs ayant leurs entrées dans les familles les plus influentes et les plus en vue de la ville, elle obtint des informations lui permettant d'en tirer un grand profit, utilisant la crédulité, la crainte et la foi de ceux qui travaillaient à ses côtés mais aussi de ceux qui auraient un jour ou l'autre recours à ses services.

Sa maîtrise des plantes, des herbes, des drogues et des effets que les ingrédients qu'elle utilisait dans ses potions et dans ses filtres, suffisaient à convaincre le plus réticent que le vaudou était bien plus qu'un culte exotique mêlant danses, prières et sacrifices d'animaux. Elle introduisait dans les familles, les couples, le commerce et les affaires, le doute, l'insécurité, la peur et tout autre sentiment susceptible de provoquer la réaction qu'elle escomptait : que l'on vienne la consulter en payant ses services à la hauteur de la tâche à accomplir. Avec la notoriété acquise et la publicité que ses disciples les mieux placés avait propagé autour d'elle et de ses « pouvoirs surnaturels », elle se prit elle-même au jeu et en voulut davantage.

Chaque matin, peu avant l'aube, quand toute la ville était encore assoupie ou affairée aux routines du lever, l'assistant de Marie Laveau partait à la chasse. Il lui procurait serpents, crapauds, insectes, poulets et alligators dont elle avait besoin. Avec le concours de ceux qui avaient espionné pour elle dans les lieux publics, les commerces, les cours et les portes cochères, elle faisait déposer discrètement devant les portes d'entrée ou à l'intérieur des porches, une poupée, un rat éviscéré, une tête de chat noir, ou un signe quelconque révélant qu'une malédiction pesait sur les occupants de la maison marquée par cet acte de sorcellerie. On venait aussitôt lui demander conseil, ce à quoi elle répondait que le sort jeté l'obligerait à mettre en œuvre tout son art et toute sa magie pour les en délivrer. Informée des détails d'une liaison secrète, d'une trahison, d'une indélicatesse ou d'une tricherie quelconque, elle exposait son don de clairvoyance et gagnait la confiance et la discrétion de ses clients.

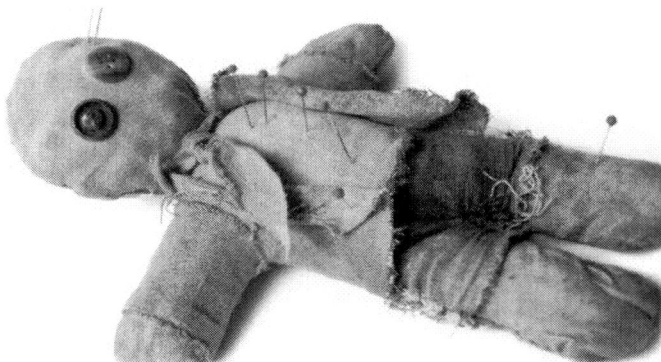

77. Les poupées vaudou sont fabriquées avec différentes matières naturelles. Elles constituent des incarnations de personnes, plus précisément de leurs esprits. Elles doivent en faire ressortir leurs particularités. Elles ne servent pas obligatoirement à faire de la sorcellerie maléfique, mais peuvent aussi être utilisées à bon escient comme la guérison à distance d'une personne. Pour réussir, que ce soit pour faire le bien ou le mal, la poupée doit renfermer à l'intérieur quelque chose appartenant à la personne que l'on souhaite ensorceler. Chaque manipulation pratiquée sur la poupée est destinée à être ressentie par la personne visée.

Marie était bien devenue aux yeux de la communauté fascinée par ses talents et les succès obtenus à la suite de ses interventions, la reine du vaudou. Elle avait pignon sur rue et vendait même ses recettes aux pharmacies locales comme celle de Louis Dufilho. Le grand festival vaudou de la veille de la Saint Jean au mois de juin devint le lieu de rassemblement de centaines puis de milliers d'adeptes, toutes races et toutes conditions sociales confondues. La cérémonie avait lieu sur les bords du lac Pontchartrain. En 1875, tous les journaux de l'époque couvraient l'événement annuel. Avec l'instauration des lois Jim Crow imposant la ségrégation, l'administration et les autorités devinrent hostiles à la pratique en public du vaudou.

Marie Laveau était entrée dans sa soixante-dixième année en 1871. Elle avait formé l'une des ses deux filles qui avaient survécu afin qu'elle puisse continuer l'œuvre qu'elle avait commencée presque cinquante ans plus tôt. Elle perdait à présent de sa force naturelle et se courbait tous les jours un peu plus, aidée dans ses déplacements d'une canne faite d'une branche d'arbre tordue. Ses cheveux si noirs autrefois étaient devenus blancs et sa main était prise d'un léger tremblement. Lorsqu'un journaliste curieux se renseigna sur ses pratiques religieuses, elle répondit qu'elle ne servait plus les esprits vaudou, mais qu'elle avait placé sa foi dans celle du Christ et des saints de l'église catholique. En réalité, elle avait toujours été une fervente catholique, pratiquant sa religion dès son plus jeune âge auprès du père Antoine qui avait contribué à son éducation avant de la marier le 4 août 1819. La mort du prêtre en 1829 semble coïncider étrangement avec ses débuts dans l'exercice du vaudou.

À la mort de Marie Laveau, le 15 juin 1881, c'est sa fille Philomène qui organisa les funérailles. Sa sœur aînée, Héloïse, était décédée depuis longtemps déjà. Une foule immense assista aux cérémonies qui eurent lieu entre la cathédrale Saint Louis et le caveau familial. Toute la société de la ville était venue présenter ses hommages à celle qui avait officié si longtemps comme la personnalité la plus controversée, la plus respectée et la plus représentative d'une ère qui s'achevait avec elle.

78. La tombe de Marie Laveau est toujours très visitée. Les curieux, mais aussi quelques adeptes et fervents admirateurs, continuent d'affluer des quatre coins du monde pour lui présenter leurs respects.

Aujourd'hui encore, une multitude de visiteurs anonymes se rendent au cimetière Saint Louis numéro 1 pour procéder à un rituel commencé à peine quelques années après sa disparition. Une offrande déposée au pied de la tombe que l'on marque d'une série de trois croix ou sur laquelle on cogne à trois reprises, constitue la requête faite à l'esprit de la prêtresse d'exaucer une prière. L'oreille se colle contre une fissure du caveau pour en saisir la réponse. La répétition de ce rituel provoqua une dégradation rapide du caveau et du site lui-même, si bien qu'il est à présent strictement interdit de s'y rendre en dehors de la présence d'un guide autorisé. Accompagné, le visiteur est prié de résister à la tentation de toucher le caveau placé sous surveillance. Pourtant, des offrandes continuent d'y être déposées. Les croyances ont la vie longue.

Marie Laveau a laissé une descendance qui vit encore de nos jours sous les noms de Schmidt et de Legendre. Legendre était le nom du concubin de Philomène qui avait choisi un homme de 32 ans son aîné. Qui plus est, il était déjà marié, mais cela ne constituait en rien un obstacle à leur relation. Philomène mourut en 1897. Avec elle prit fin le règne des Marie mère et fille. Le cottage de la rue Saint Anne fut démoli pour garantir que l'endroit ne devienne jamais un lieu de culte et la source de nouvelles histoires troublantes qui avaient animées la Nouvelle-Orléans depuis qu'elle avait servi de base à l'expansion du vaudou.

Parmi les multiples apparitions surnaturelles qui se sont produites dans la cathédrale, aucune ne semble aussi intrigante que celle de la reine du vaudou. Belle mulâtre dans sa tenue immaculée et les cheveux réunis sous sa coiffe colorée caractéristique des insulaires des Caraïbes et des Antilles, on l'apercevait parfois agenouillée et priant en silence devant l'autel central. Sa silhouette se formerait à l'aube, un peu après que l'église ait ouvert ses portes aux fidèles matinaux, alors que d'autres témoignages placent plutôt ses apparitions au coucher du soleil. On sait que Marie Laveau multipliait l'exercice de sa foi tout au long de la journée. Sa dévotion pouvait être aussi matinale que tardive.

Une résidente qui a souhaité garder l'anonymat, dit avoir observé le fantôme de Marie Laveau en train de prier au premier rang à gauche de l'autel de la cathédrale Saint Louis. Elle crut la voir faire le signe de la croix, se relever et disparaître dans l'obscurité du vestibule attenant. Le témoin s'avança alors là où se trouvait la silhouette. Un frisson la parcourut aussitôt comme si la place était glacée de façon inexplicable. A sa plus grande surprise, elle trouva un rosaire glissé entre deux bancs. Le chapelet semblait ancien, comme usé par les années et l'usage fréquent. Toujours sous le choc de l'apparition, elle ramassa le rosaire fait de petites perles de bois décoloré qui semblait avoir été fabriqué un siècle plus tôt. L'objet était incroyablement froid un peu comme s'il sortait du congélateur. Était-ce donc une coïncidence ou elle venait de rentrer en possession du rosaire de Marie Laveau ?

La grande prêtresse était connue pour ses entrées théâtrales, même dans la mort. Elle aurait surgi brusquement devant des passants ahuris, serait apparue au nez de touristes agglutinés autour de sa tombe, faisant mine de gifler certains d'entre eux, dansant et récitant son rituel vaudou comme elle l'avait fait à maintes reprises au cours des cérémonies de Congo Square. On peut s'interroger de savoir pourquoi cette exubérance naturelle et surnaturelle s'efface dans la solennité de cette très vieille église catholique qu'elle fréquentait si souvent de son vivant. Mais ne serait-il pas normal qu'elle continue ainsi de revenir sur les lieux de sa foi ? N'avait-elle pas contribué à évangéliser tant d'esclaves arrivés des îles et d'Afrique alors qu'elle maintenait les racines de chacun dans la pratique des rites vaudous hérités de ces mêmes contrées lointaines ? Il n'est donc pas surprenant qu'elle ait aussi choisi ce haut lieu de recueillement dans la cité des morts.

Hécatombe

Originaire de Mirande dans le Gers, Louis Dufilho fut le premier pharmacien à passer avec succès les épreuves de l'examen d'études en pharmacie institué par l'état de Louisiane en 1804. L'exigence d'un diplôme d'état était requise à l'initiative du nouveau gouverneur William Claiborne qui souhaitait que cette profession soit sous le couvert d'une réglementation stricte. Avant cela, il existait une réglementation demandant à ce que tout praticien possède une licence, mais elle n'était pas appliquée à la lettre. Après une période de six mois, un apprenti pouvait confectionner un remède et le vendre sans qu'il ait à se conformer à un code précis, ou à ce que son produit soit analysé avant d'être commercialisé. Il n'était donc pas rare qu'un client prenne une concoction qui ne soit pas dosée pour sa pathologie ou qu'elle ne soit pas du tout adaptée à son âge ou à sa corpulence.

Sous le gouvernement de William Claiborne, un conseil de pharmaciens et de médecins réputés étaient chargés de faire passer un examen oral de trois heures à tout candidat. Le test se déroulait au Cabildo situé sur la place d'armes dans le Vieux Carré.

79. Louis Dufilho est né en 1788 à Mirande, dans le Gers. Il meurt à 68 ans quelques mois seulement après son retour en France.

80 – William Claiborne est né en 1775 en Virginie. Il décède le 23 novembre 1817 à la Nouvelle-Orléans.

C'est ainsi que Louis Dufilho fut en 1816 le premier de ces candidats et par conséquent le premier à faire de sa pharmacie la première des États-Unis à fonctionner sur les bases d'une réglementation dûment établie. Dufilho travaillait aux côtés de son frère apothicaire sur la rue Toulouse. Il épousa le 29 avril 1819, Emy Adèle Becnel qui lui donna neuf enfants. Sachant pertinemment que les maladies emporteraient jusqu'à plus de la moitié de leurs enfants, Joseph et Emy s'attelaient à maintenir un taux de natalité élevé comme la grande majorité des familles vivant en ville. En 1823, il fit construire une maison créole au 514 de la rue Chartres. Le rez-de-chaussée devint son fond de commerce, les premier et second étages constituaient sa résidence familiale. Il fut aux commandes de sa pharmacie jusqu'en 1855, date à laquelle il retourna en France avec son épouse et trois de ses enfants. Alfred, le cadet choisira de faire sa vie à la Nouvelle-Orléans. Les cinq autres mourront sans avoir pu avoir atteint l'âge de six ans. Louis mourra en France seulement quelques mois après y être retourné, à l'âge de 68 ans.

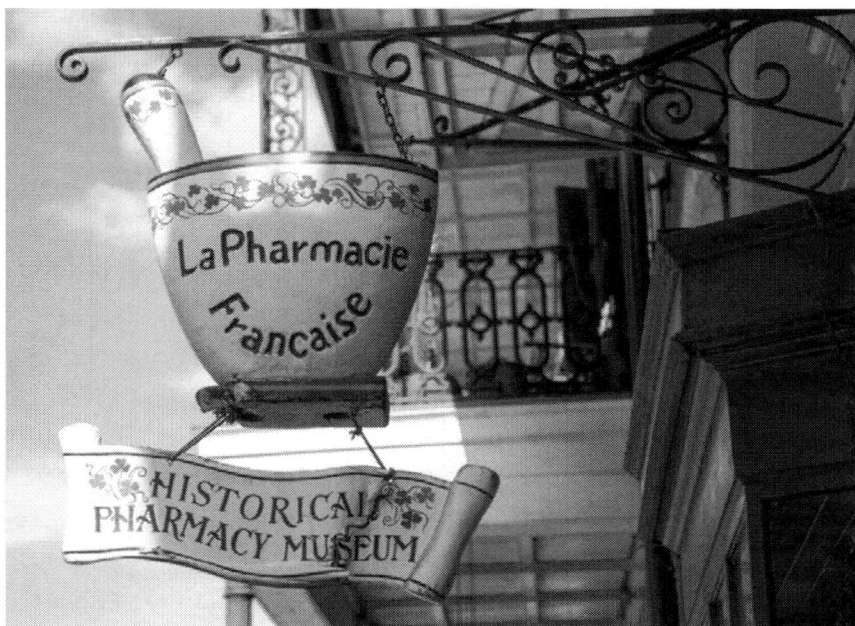

81. La première pharmacie agréée des États-Unis est située au 514 de la rue Chartres.

L'édifice changea de propriétaire plusieurs fois au cours de la centaine d'années qui suivit et fut acheté finalement par la ville dans les années 1940. Il avait été décidé d'en faire un musée qui ouvrit ses portes en 1950. Les étages furent restaurés en 1986 puis intégrés à l'espace d'exposition. En plus du mobilier d'origine, des instruments, des bouteilles, fioles et flasques en tout genre, le musée contient également des patentes médicales et une série d'expositions sur les herbes et les plantes utilisées, les drogues et aussi le rôle de l'alcool dans les remèdes confectionnés à l'époque de Louis Dufilho. On y trouve aussi exposés des flacons de Peychaud bitter. Antoine Amédée Peychaud était un apothicaire qui inventa ses produits amers en 1830, pensant pouvoir guérir une vaste gamme de maux. Mais la plus fameuse utilisation de son produit réside dans la préparation d'un célèbre cocktail inventé dans les années 1850, le Sazerac.

Avec la présence incontournable du vaudou, on y vendait aussi, d'une manière beaucoup plus discrète, des potions dont les recettes avaient été communiquées en secret par les prêtresses vaudou qui avaient pignon sur rue comme Marie Laveau. Ce musée permet de se rendre compte de l'importance des progrès accomplis dans ce domaine. Le musée est l'occasion de découvrir un exemple fascinant de l'architecture créole. La maison est dotée d'une cour arrière entourée d'un mur de briques. Au fond de la cour se trouvent l'ancien quartier des esclaves et un appartement indépendant qu'occupait l'aîné des enfants de la famille Dufihlo. Étant donné que la porte d'entrée donnait sur la pharmacie, la famille accédait à leur résidence par l'allée latérale reliant la rue à la cour privée. Aujourd'hui encore, la pharmacie française est connue pour être le musée renfermant la collection de produits, de documents, de livres et d'objets liés à cette activité la plus complète de tous les États-Unis. Les placards furent sculptés à la main. D'innombrables fioles et bouteilles avaient été soufflées par des artisans du verre. Des récipients contenant des médicaments restent toujours aujourd'hui aussi surprenants qu'inquiétants. Des bocaux renfermaient des sangsues qui étaient appliquées sur les malades pour de multiples raisons. Des instruments divers permettaient de faire des saignées. Du matériel chirurgical exposé dans les vitrines était utilisé pendant la guerre civile.

Le visiteur peut également y découvrir des cathéters archaïques qui se pressent contre des bocaux remplis d'opiacées, de boîtes de pilules recouvertes d'une pellicule de peinture argentée ou dorée pour être mieux vendue aux notables abusés par les apparences d'un traitement privilégié. Ironiquement, cet artifice empêchait les ingrédients actifs de se dissoudre et de produire les effets escomptés. Des scies permettant d'amputer les membres gangrénés côtoient une table d'obstétrique aux allures de chaise de torture. Les seringues exposées contribuèrent à l'expérience souvent mortelle d'injections qui se révélèrent néfastes au patient, les plus anciennes étant faites de plomb qui empoisonnait le sang. Certaines n'étaient pas nettoyées correctement. La simple piqûre d'une aiguille émoussée couverte de bactéries ne délivrait pas vraiment le potentiel permettant de vous remettre sur pied mais plutôt de vous aider à mettre un pied dans la tombe.

Cependant, les seringues constituaient le moindre mal pendant les épidémies dévastatrices. Des nuages de brouillard nauséabond s'élevaient parfois au-dessus du fleuve charriant déchets et cadavres et envahissaient la ville quand le vent soufflait dans sa direction. Pour couvrir l'odeur et réduire le risque de contamination, on faisait brûler d'immenses feux chargés de plantes supposées bienfaisantes qui agissaient comme contrepoison. Si ces buchers restaient sans effet, les officiels de la ville ordonnaient que les canons soient tirés, pensant que les fumées des explosions dirigées vers le ciel disperseraient les miasmes redoutés porteurs de maladies.

Une exposition relate les drames causés par les nombreuses épidémies qui ont endeuillées la ville depuis sa fondation en 1718, mais aussi les recherches et les progrès effectués pour éradiquer ces fléaux mortels tant redoutés. La vitrine de la pharmacie expose des énormes vases remplis de différents liquides colorés. En cette époque où beaucoup ne maîtrisait pas la langue, parlait un dialecte étranger, ou ne savait pas lire du tout, il fallait trouver un moyen de communiquer efficacement avec tous les membres de la communauté. Ainsi, le bocal rempli d'un liquide bleu indiquait que tout allait bien. L'orange signalait un risque potentiel et qu'il fallait prendre des précautions en entrant chez le pharmacien pour lui demander conseil. Le rouge alertait la population d'une épidémie en cours et incitait les habitants à se précipiter dans la pharmacie pour se procurer les produits, potions et médicaments susceptibles de vous garder en vie. Il ne faut pas oublier que le profit était à l'ordre du jour, qu'il fallait bien nourrir sa famille et assurer ses arrières en vendant suffisamment de quoi se constituer un pécule confortable. Louis Dufilho avait passé un nombre incalculables d'heures et d'heures supplémentaires derrière le comptoir de sa pharmacie. En contrepartie il escomptait une rétribution de ses services à la hauteur de son dévouement pour le bien de la communauté qu'il servait avec tant d'assiduité.

Avant de prendre une retraite bien méritée en France, loin du tumulte des ouragans et du silence des hécatombes, il vendit sa boutique à Joseph Dupas, un médecin aux principes plutôt douteux. Ce dernier servit également comme médecin militaire pendant la guerre de sécession. Il prenait plaisir à pratiquer des expériences sur de jeunes esclaves enceintes et ne rechignait pas non plus à administrer des drogues hallucinogènes à l'occasion de rites vaudous pratiqués dans l'arrière-boutique. Il mourut prématurément de complications de la syphilis en 1867. Un article de presse présenté dans le musée relate qu'un homme revêtu d'une blouse de pharmacien ou parfois d'un complet brun que portait souvent le Docteur Dupas, aurait été aperçu bien après son décès, errant dans la pharmacie alors que des objets auraient changé de place dans les rayons de l'ancienne boutique, et que le système d'alarme aurait été déclenché sans raison apparente. Toujours est-il qu'on ne peut que ressentir le poids du passé dans cette pharmacie chargée d'une atmosphère particulière, à l'air imprégné de vieux bois et de produits entreposés sur les rayons depuis bientôt deux siècles...

82. L'intérieur de la pharmacie devenue un musée fascinant.

Plus de 41 mille personnes ont succombé aux épidémies de fièvre jaune à la Nouvelle-Orléans entre 1817, première année comptabilisant officiellement le nombre des victimes, et 1905, dernière année de ses ravages dans la ville croissant. Après 1830, la Louisiane était le seul état du sud à réclamer que le corps médical soit certifié légalement. Au lendemain de l'épidémie de 1817 qui emporta 80 personnes, les physiciens francophones formèrent une première organisation professionnelle, La Société Médicale de la Nouvelle-Orléans, suivie trois ans plus tard par celle des médecins anglophones appelée la Physico-Medical Society. Les deux groupes se consacrèrent alors à l'étude et à la lutte contre ce fléau dévastateur transmis par les moustiques.

En 1819, l'architecte d'origine anglaise, Benjamin Henry Latrobe fut le témoin d'une procession funèbre pour une vieille esclave noire venue du Congo. Il écrivit dans ces termes :

« En me rendant chez moi peu avant le coucher du soleil, j'ai croisé une foule d'au moins 200 nègres[12], hommes et femmes, qui suivaient un corps que l'on menait au cimetière. Parmi les femmes, plus de la moitié portait des chandelles, et comme le soir se faisait plus sombre, l'effet devint saisissant comme tout le monde était vêtu de blanc. Les funérailles sont très nombreuses ici. Elles occupent tant de fin d'après-midi qu'en conséquence de quoi, la plupart d'entre elles, célébrées par le même groupe de prêtres, éveille à peine l'attention tout autour[13] ».

Il y eut 2190 décès cette année-là.

En 1832, une épidémie de choléra avait débuté six ans plus tôt en Inde avant de se propager en Russie puis en Europe avant d'arriver aux États-Unis par des immigrants anglais infectés. Ce fléau fit 4340 victimes à la Nouvelle-Orléans. Il n'existait à l'époque aucun traitement ni moyen de prévenir ce fléau. La cause de cette maladie était inconnue, mais on suspectait déjà le manque d'hygiène. Les

---

[12] Le terme était la norme pour designer les personnes de couleur. Il fut utilisé jusqu'aux lendemains de la revendication des droits civiques à la fin des années 1960.

[13] Voici le commentaire original extrait des notes personnelles de Latrobe : In going home to my lodgings this evening about sunset, I encountered a crowd of at least 200 negroes, men and women, who were following a corpse to the cemetery. Of the women, one half at least carried candles, & as the evening began to be dark, the effect was very striking, for all the women & many of the men were dressed in pure white. The funerals are so numerous here, or rather occupy so much of every afternoon in consequence of their being, almost all of them, performed by the same set of priests, proceeding from the same parish Church [St. Louis Cathedral], that they excite hardly any attention.

épidémies de choléra ravagèrent le territoire américain jusqu'en 1873. Les villes étaient sales, surtout les ghettos. L'enlèvement des ordures ménagères étaient rare, voire inexistant en maints endroits. Les déchets trainaient dans les rues nauséabondes. Il fut facile à la contamination de se répandre dans le système d'eau potable des villes. Peu importait alors la couleur de votre peau et la taille de votre portefeuille, personne n'était épargné. Le choléra était un tueur aveugle. Jusqu'à la guerre civile, le traitement le plus répandu était le calomel, ou chlorure mercureux. Il était généralement utilisé comme laxatif pour le traitement des maladies intestinales. Seulement, les effets secondaires du calomel étaient dangereux. Il pouvait nettoyer les intestins, mais il pouvait déchausser les dents, causer la chute des cheveux et détruire les gencives et les parois intestinales. En d'autres mots, son haut niveau de toxicité pouvait causer un sérieux empoisonnement au mercure. Dès qu'une épidémie grave se répandait, il était alors fréquent dans les zones urbaines de voir des charrettes et des tombereaux faire le ramassage des morts. Comme les charrettes passaient devant les habitations, les porteurs s'écriaient « Sortez vos morts ! ». Les décès et les enterrements s'effectuaient à la hâte sans avoir même le temps d'en faire l'enregistrement. Les familles étaient parfois si décimées qu'il ne restait personne pour faire mettre une pierre tombale au cimetière. Les funérailles privées étaient devenues rarement possibles. Souvent il fallait procéder à des enterrements collectifs dans des fosses communes.

Le docteur François Carlo Antommarchi fut le médecin de Napoléon entre 1818 et sa mort en 1821 à l'âge de 51 ans. Il émigra en Louisiane en 1834 où il fit don à la ville de la Nouvelle-Orléans d'une copie en bronze du masque mortuaire de l'empereur déchu. Cette même année était celle de la disparition de la famille Lalaurie après l'incendie tragique de leur demeure. Le masque original fut réalisé le 7 mai, un jour et demi après la mort de Napoléon sur l'île de Sainte-Hélène. Le masque est exposé au Cabildo avec les instruments d'Antommarchi utilisés pendant l'autopsie.

Antommarchi pratiqua la médecine à la Nouvelle-Orléans avant de se rendre au Mexique en 1837. Il mourra en avril de l'année suivante à Cuba, âgé de 57 ans, atteint de cette même fièvre jaune qui décimait les rues et remplissait les cités des morts qui restent aujourd'hui encore les lieux les plus fascinants et les plus dérangeants pour ses visiteurs anxieux d'y faire une rencontre surnaturelle.

83. La copie en bronze du masque mortuaire de Napoléon est toujours visible au musée du Cabildo de la Nouvelle-Orléans.

Il est surprenant d'apprendre que Delphine Lalaurie se rendait dévotement aux messes du père Antoine à la cathédrale Saint Louis comme beaucoup de bons autres fidèles paroissiens. Peu importe qu'elle ait fui en France, ou fondé un culte satanique au cœur des forêts profondes des terres au nord du lac, une chose est certaine : sa présence aurait été identifiée à de nombreuses reprises entre les bancs de l'église, là où la lumière ne parvient jamais à percer l'obscurité. Certains ont rapporté l'avoir vue et reconnue à partir du portrait reproduit dans les brochures et les sites internet consacrés aux visites guidées: pâle et fantomatique, agenouillée et priant, le visage tourné vers le haut, au troisième rang devant l'autel central. D'autres enfin l'auraient vu apparaître faisant tristement les cent pas près d'un des confessionnaux, attendant, dit-on, son confesseur qui lui donnerait l'absolution de ses horribles péchés...

Alors que la majorité des visiteurs se pressent aux quatre coins du Vieux Carré dans la traîne des guides évoquant un passé troublé par des personnages haut en couleur, désignant les lieux où se produisirent des drames déchirants, des meurtres effroyables, et relatant des événements historiques inoubliables, beaucoup se rendent au cimetière Saint Louis en espérant avoir la chance d'entendre ou d'entrevoir le fantôme de la reine du vaudou autour de sa tombe transformée en véritable lieu de pèlerinage. Ils retournent alors dans le quartier français pour y déceler les indices du passage de tous ceux qui ont façonné la Nouvelle-Orléans depuis sa fondation, ignorant qu'en réalité il n'y a pas de meilleur endroit pour deviner leur présence que le musée du Cabildo et la cathédrale Saint Louis, deux édifices résumant trois siècles d'Histoire au cours desquels se déroulèrent tant d'événements...

Laisser le bon temps rouler

Nous étions sur le départ. Notre séjour tirait à sa fin. Les derniers préparatifs s'achevaient en cette dernière soirée. Demain, il nous faudrait prendre le chemin de l'aéroport et renouer avec les contraintes d'un périple fatiguant de plusieurs milliers de kilomètres avant de rentrer à la maison.

Ce dernier mot prenait à présent une toute autre résonnance… surtout pour ma pauvre tante que le séjour avait épuisée. Les contrastes devaient avoir été un peu trop prononcés pour son âge. La Nouvelle-Orléans semblait l'avoir fascinée, mais ce n'était pas facile, après un certain nombre d'années enregistrées au compteur inexorable de la vie, d'ajuster son mode de vie à celui d'un lieu aussi exubérant. Ses efforts avaient été plus qu'honorables considérant le nombre de défis qu'il lui avait fallu relever.

- Je pense que ce n'est pas demain la veille que je vais manger aussi épicé que pendant notre séjour.
- Je croyais que tu avais adoré le bol de gumbo au restaurant de l'usine de Tabasco à Avery Island ? lui demandai-je en souriant.
- Oh, j'ai adoré, c'est vrai… Mais mes intestins n'ont pas su l'apprécier autant que mon palais ! Autrement, cette visite fut une découverte surprenante. Je n'imaginais pas qu'il n'y avait

qu'une seule usine de Tabasco dans le monde entier et que leurs produits étaient aussi variés.

- Mais je n'ai pas oublié que ton bagage renferme quelques flacons de sauce pimentée achetés sur place.
- Et aussi dans le Vieux Carré ce matin, à leur boutique de la place Jackson, en bas des appartements de la baronne de Pontalba.
- Tu me l'avais caché, ma tante. Je croyais que tu voulais jeter un dernier coup d'œil aux œuvres des artistes installés autour de l'ancienne place d'armes.
- Je l'ai fait. Et j'en ai profité aussi pour faire quelques achats pendant que tu prenais un café avec le guide qui nous avait fait découvrir ce quartier incroyable. J'espère qu'il n'a pas cru que je n'avais pas d'atomes crochus avec lui… J'avais déjà eu ma dose de caféine au petit déjeuner de l'hôtel et je voulais absolument finir d'acheter les souvenirs et cadeaux avant de rentrer. Tu penses bien que tout le monde m'attend au tournant là-bas. Si j'avais oublié ne serait-ce que l'un d'entre eux, s'en était fini de ma réputation. Je devenais une misérable pingre.
- Je te crois sans mal. Mais pour en revenir à notre guide, je voulais m'attarder un peu plus longtemps que toi pour le remercier d'abord de tous les bons conseils qu'il nous avait donné à l'issu du tour à pied du Vieux Carré. Combinés avec ceux d'André, notre intarissable québécois, nous avons passé un séjour plutôt bien rempli.
- Ça, tu peux le dire. Je ne suis pas prête de l'oublier, ni même de m'en remettre, ajouta ma tante en soupirant.
- Maintenant, je peux comprendre les origines de ta longue carrière dans la pharmacie.
- N'en rajoute quand même pas trop. Les liens étaient plutôt distants. Ce cousin ignoré avait été le dernier membre d'une famille décimée par la mort et l'absence d'héritiers dont la fille unique avait donné naissance à mon défunt mari.

- Il n'en reste pas moins que tu as hérité d'un inconnu dont l'ancêtre n'était autre que l'illustre Louis Dufilho, le premier pharmacien diplômé de la première pharmacie homologuée des États-Unis !
- Pas de quoi changer de voiture, ni même de m'acheter un nouveau lave-linge pour remplacer celui qui vient de rendre l'âme après onze ans de bons et loyaux services. Quelques lettres anciennes, une collection de pièces de monnaie et un lopin de terre dans le Gers.
- Quand même, c'est pas mal. Tu pourras vendre la collection et le terrain et te constituer un complément de retraite confortable si ça se trouve !
- Si les pièces de monnaie ont de la valeur et si le terrain ne ressemble pas à un mouchoir de poche. En tout cas, ça me donne du fil à retordre en rentrant à la maison. Et j'ai passé l'âge de courir les rues, les antiquaires et les agences immobilières...
- J'en connais des plus jeunes qui n'auraient jamais fait un voyage aussi loin et dépaysant.
- Je reconnais que cette nouvelle délivrée par le notaire ici m'a quelque peu désarçonnée. Imagine ta pauvre tante ayant un lien avec le passé plutôt inquiétant et mystérieux de cette ville et de ceux qui ont contribué à faire de la Nouvelle-Orléans ce qu'elle est aujourd'hui ? J'en suis encore toute retournée. Surtout avec tout ce que j'ai appris grâce à nos visites et découvertes.
- Et je crois qu'on a juste effleuré ce qu'il y avait à savoir en si peu de temps. Ce Vieux Carré possède des ressources encore insoupçonnables, à mon avis.
- Je n'en doute pas un instant. Mais je n'aimerais pas découvrir que mon lointain ancêtre le pharmacien était en cheville avec la charmante Delphine Lalaurie ! Eh bien... ça serait un tel choc que je ne m'en remettrais pas !

- Ah ! Tu te souviens de ce qu'a dit notre ami le québécois avant-hier quand on a pris le déjeuner avec lui chez *Antoine* ?
- André dit tellement de choses que je ne suis pas certaine de ce que tu insinues…
- Laisse le bon temps rouler ! Profite de l'instant et ne te soucie pas du passé.
- Facile à dire… C'est comme le fameux « lâche pas la patate » des Cajuns.
- Accroche-toi, tiens bon le coup… C'est leur devise. Après ce que leurs ancêtres ont subi et vécu, je trouve que ça colle plutôt bien avec leur état d'esprit, non ? Le « grand dérangement », l'exil pendant de longues années à rechercher une nouvelle Acadie, la légendaire Évangeline… En fin de compte, leur musique a contribué à sauver leur héritage et leur culture. Et puis la chanson de Jimmy Newman qui martèle cette phrase inlassablement est plutôt sympathique. L'humour est toujours un excellent moyen de combattre la morosité et le chagrin.
- Je pense qu'ils ont raison. Nous, on est un peu trop… comment dire…stressés, sérieux… et râleurs.

Ma tante se planta devant le grand miroir de la chambre et approcha son visage de la surface polie qui lui renvoya une moue faussement renfrognée. Elle claqua la langue contre son palais et haussa les épaules.

- Non,… pas encore de traces d'une barbe naissante à la Louis Dufilho. Il faut fêter ça !

Elle se retourna vers moi avec un large sourire :

- Est-ce qu'on ne sortirait pas quelque part ce soir ?
- Je te croyais épuisée ?
- J'ai une petite faim. Le *Palm Court Jazz Café* me tenterait bien. C'est plutôt bon et la musique qu'on y joue est superbe.

- Il y a au moins 25 minutes de marche. Tu veux prendre un taxi ?
- Pas question ! On va marcher. Ce n'est pas loin du marché français, non ? Il y a sur le chemin quelques magasins et de la musique à tous les coins de rue. Et après le restaurant, nous pourrons revenir en passant par la rue Bourbon. Ce club de jazz, *Fritzel's* je crois, est tellement fascinant.
- Alors, toi alors. Tu m'étonneras toujours.
- Dépêche-toi, mon neveu ! s'exclama ma tante en éclatant de rire. Une nuit de folie nous attend ! Demain sera un autre jour... Avec un peu de chance, on apercevra peut être le père Antoine au milieu des créatures de la nuit qui hantent les rues du Vieux Carré.

Épilogue

Dans son *Journal d'un curé de campagne*, Georges Bernanos écrivait en 1936 :

« Est-ce possible? L'ai-je donc tant aimé» ? Ces matins, ces soirs, ces routes. Ces routes changeantes, mystérieuses, ces routes pleines du pas des hommes. Ai-je donc tant aimé les routes, nos routes, les routes du monde? Quel enfant pauvre, élevé dans leur poussière, ne leur a confié ses rêves? Elles les portent lentement, majestueusement, vers on ne sait quelles mers inconnues, ô grands fleuves de lumières et d'ombres qui portez le rêve des pauvres! »

Le voyage nourrit les rêves. L'espoir renaît alors quand un nouveau projet de départ prend forme et que le décompte des jours vient de s'amorcer. Une valise se vide pour qu'une autre se charge des souvenirs qui alimenteront une vie bien remplie.

Bientôt, la Louisiane, la Nouvelle-Orléans et le Vieux Carré ne seront plus qu'un souvenir de plus. Pourtant, ces lieux imprimeront dans la mémoire la certitude que rien ne se fait en vain.

Le monde reste une porte ouverte sur l'horizon lointain et inconnu dont les mystères ne demandent qu'à être élucidés.

Chapitres

Cet ouvrage a été achevé d'imprimer en mars 2017

Par DiggyPOD

Imprimé aux USA